约翰·列侬

JOHN LENNON

[英] 约翰·布莱尼 著　[意] 瓦勒丽亚·曼菲托·德·法比安尼斯 主编　阮阮·译

中国友谊出版公司

图书在版编目（CIP）数据

约翰·列侬 /（英）约翰·布莱尼著；阮阮译；
（意）瓦勒丽亚·曼菲托·德·法比安尼斯主编. -- 北京:
中国友谊出版公司, 2021.10

　书名原文: John Lennon: In his life
　ISBN 978-7-5057-5307-5

Ⅰ.①约… Ⅱ.①约… ②阮… ③瓦… Ⅲ.①列侬（
Lennon, John 1940-1980）—传记—画册 Ⅳ.
①K837.125.76-64

中国版本图书馆CIP数据核字(2021)第174899号

著作权合同登记号　图字：01-2021-6684

WS White Star Publishers® is a registered trademark property of White Star s.r.l.

©2009 White Star s.r.l.

Piazzale Luigi Cadorna, 6

20123 Milan, Italy

www.whitestar.it

本书中文简体版专有出版权经由中华版权代理有限公司授予北京创美时代国际文化传播有限公司。

书名	约翰·列侬
作者	[英]约翰·布莱尼　著　[意]瓦勒丽亚·曼菲托·德·法比安尼斯　主编
译者	阮阮
出版	中国友谊出版公司
发行	中国友谊出版公司
经销	新华书店
印刷	北京中科印刷有限公司
规格	889×1194毫米　16开
	17.25印张　190千字
版次	2022年1月第1版
印次	2022年1月第1次印刷
书号	ISBN 978-7-5057-5307-5
定价	168.00元
地址	北京市朝阳区西坝河南里17号楼
邮编	100028
电话	（010）64678009
	版权所有，翻版必究
	如发现印装质量问题，可联系调换
电话	（010）59799930-601

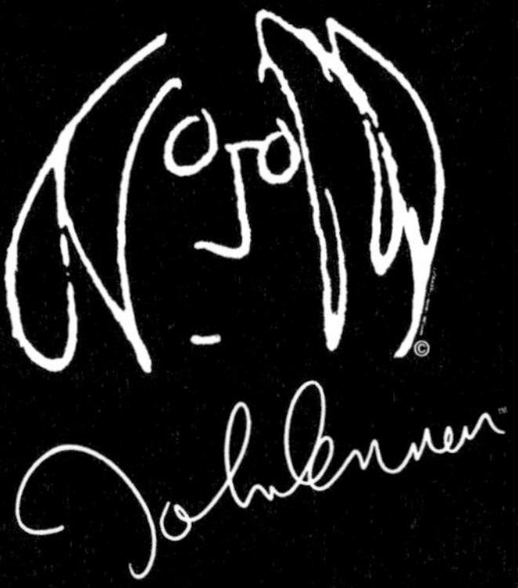

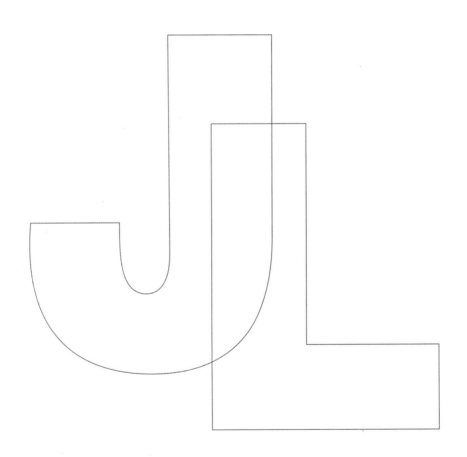

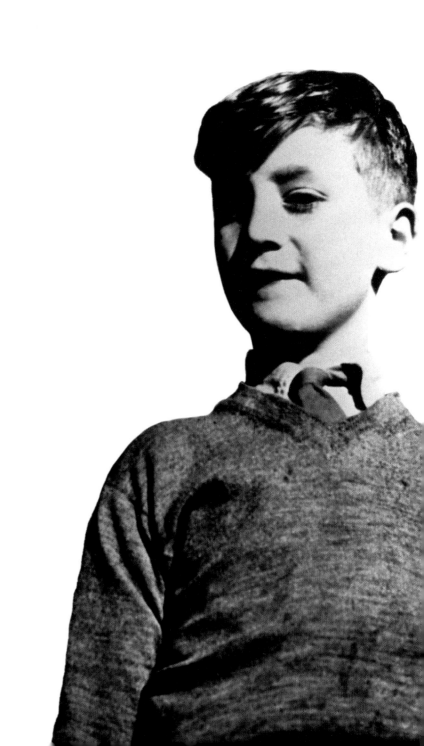

目 录 CONTENTS

LENNON

John Lennon™

序言

往日情怀

当我一页一页地翻过这本书的时候，有两首歌在我心中回旋着：一首是约翰的《在我生命中》（*In My Life*），那是他的代表作之一；另一首是马文·哈姆利奇（Marvin Hamlisch）为电影《往日情怀》（*The Way We were*）创作的同名主题曲。后来，《往日情怀》成了我们的专属歌曲，一首属于约翰和洋子的歌。

在我遇见约翰的时候，他的生活丰富充盈，如同在旋风中起舞。他的生活是一个真实的梦，一个大多数人几乎不可实现的梦。他以音乐创作为生，这是他的天赋，也是他生命所爱。但是，他从来都是一个带着如孩子般的好奇心，异常聪慧，并且竭尽一生都在寻找生命的更多可能性的人。

1966 年，我在伦敦因迪卡画廊（Indica Gallery）举办画展，我们便是在那里相遇的，那时我们都没有想到这次相遇会为我们的人生打开崭新的篇章。我们两个人一起对抗整个世界，这绝不是一件容易的事，但我们拥有彼此，用尽全力紧紧相拥。

我们是如此热爱对方，热爱我们的生活。约翰心里一直憧憬着这样的一天：我们坐在康沃尔的摇椅上，等待着我们的爱儿——肖恩（Sean）给我们寄来的明信片。这是他期待已久的梦想，他希望我们能平静地度过漫长人生，我也同样热爱着他的梦想。不幸的是，有一天，他的美梦猝然破碎了。

这是一本精心制作的书，你将在书中看到约翰·列侬不可思议的一生，看到他不同于虚构出来的带着陌生感的生活所在，并且处处充满魅力。

诚如约翰所言："当你忙于制订计划时，生活却发生在计划范围之外的地方。"

翻开这本书吧，这定是一场奇妙之旅，你每翻开一页，都是在和约翰一起追忆他生命中的点滴。你会发现，约翰的一生印证了那句话——当他幻想着在康沃尔的梦时，他的生活却遭遇了没人能预料到的转折。

当我在这些特立独行的照片中看着约翰·列侬时，我的双眼会不由自主地去寻找他的视线所在。有时候，即使正处于异常艰难的困境之中，他也积极地上仰着脸庞，他的眼里从未失去过那一直照亮他前行之路的火花。好好享受这场旅行吧！

爱你们的，洋子
2009 年

引言

约翰·列侬：在他生命中

　　看约翰·列侬的童年照片，你会觉得他是一个充满自信、幸福快乐，与旁人没什么不同的男孩子。和小狗一起玩耍，在一辆新自行车前特地摆出拍照的姿势，在母亲身旁露出开心的笑容，这些寻常的场景在任何一个家庭相册里都能看到。然而，不仅他自己，而且他的姨母咪咪（Mimi）以及他的老师们都发现了，列侬确实是一个与众不同的孩子。但是在当时，没有人会想到有一天他的人生会如此非凡。

　　保罗·麦卡特尼（Paul McCartney）曾说，出生在利物浦的人有着某种与生俱来的使命。列侬身上就背负着这样的使命，在他成为这座城市的伟大明星之前，利物浦早就在他身上打下了深刻而久远的烙印。列侬在利物浦这座城市中抱有深深的自卑感。长期的南北分裂，使利物浦在与伦敦的竞争中处于下风。尽管如此，利物浦仍然是一个活力充沛的城市。来自世界各地的各色人等在利物浦这个港口城市里生活、交汇。艰辛的工作和不断的争吵反倒让那里的人们培养起一种独特的幽默感，正是这种幽默感使他们在残酷的日常生活中获得一种解脱。（利物浦的杰出演员可能比英国任何其他城市都要多。）除此之外，利物浦还拥有丰富的音乐遗产，否则披头士乐队就不会存在，也不会出现流行音乐的黄金时代，更不会有 19 世纪 60 年代的摇摆乐（swinging）风格。成长于利物浦，这座城市给予了列侬丰富的多样性，但他也给予了利物浦很多，壮大了利物浦的宽容、智慧和富有创造力的声誉。

　　在姨父姨母的抚养下，童年时代的列侬过着舒适的中产阶级生活——这是他不断反抗的。列侬的父亲和祖父都是工人阶级，列侬从未忘记这个身份，并且怀有强烈的认同感。虽然中产阶级的童年生活过得十分舒适，但是列侬始终站在被压迫者的一边，不分阶级、肤色和宗教信仰。他以自己的方式，告诉全世界一个具有无阶级观念、真正属于人民的人，一个天生的领导者以及一个不屈不挠的反抗者应该是怎样的。

　　虽然列侬十分聪慧，但是他在学校里的表现并不让人满意。他觉得上学毫无乐趣可言，便开始不断挑战老师的权威。在他眼里，他远远比学校里的人聪明，不能容忍那些愚蠢的行为。列侬身上一直散发看某些特质，比起学校里的功课，他更热衷于写作、音乐和艺术，尽管这些并未在战后的英国教育体系中受到重视。列侬经常在房间里一听收音机就是好几个小时，让他的想象力在音乐中自由飞驰。他很喜欢收听 BBC 的广播节目，尤其是《傻瓜秀》（*The Goon Show*）这个节目以及它所创造的超现实世界。也认为这个节目证明了现实世界是荒谬的，但是它本身的内在逻辑却是完全有意义的。列侬独特的世界观与这个节目的主要编剧斯派克·米利根（Spike Milligan）非常契合，从列侬创作的音乐和画作中就能明显地看出这个节目给他带来的影响。他敏锐的幽默感和富有洞察力的智慧使他和披头士乐队拥有其他人永远不可能效仿的优势。

列侬的人生经历充满了各种矛盾：生母和养母；贫穷和富裕；顺从和反叛；艰苦和辉煌。正是这些矛盾塑造了他，让他成为一名艺术家。列侬以异于常人的视角去观看这个世界，但这并不总是一个优势。也与众不同的认知除了让他经常在学校陷入困境之外，还让他产生了很大的自我怀疑。他的父母从他出生起几乎就抛弃了他，而深爱着他的姨母很显然希望他顺从于周围，这不但不会消除他的自卑感，反而还会加剧他的不自信。但是，即使存在着众多自我怀疑，列侬却从小就坚信自己命中注定会成为一个伟大的人。在当时看来这是一个白日梦，或是他个人信念所投射的早期表现，但列侬经常希望在杂志上看到自己的名字，尽管他还没有写过一首歌或一本书。列侬的孩童时期几乎没有玩具，但他的姨父姨母培养了他对书籍的热爱。姨父教他读报纸，后来这个阅读习惯一直被他保留了下来。他经常从报纸上获得创作歌曲的灵感，《生命中的一天》（*A Day In The Life*）的创作灵感正是在阅读中产生的。当他不读书的时候，他就会创作自己的漫画《每日嚎叫》（*The Daily Howl*），以供朋友们消遣娱乐。然而，他对此的兴趣很短暂，虽然他也出版了两本书，但这只不过是他灵活多变的思维转向新事物之前写下来的想法的记录。在他整个职业生涯中，他始终喜欢快节奏的工作，当出现技术问题或工作中断的时候，他经常会变得沮丧。

虽然列侬没有和生母共同生活，但他也是在一个饱含着爱和温暖的家庭中成长的。就像他生命中的其他女性一样，姨母对他的人生产生了深刻的影响。他和姨母一起在苏格兰的德内斯过暑假——列侬对这个地区一直保留着美好的回忆。他的生母朱莉亚（Julia）几乎每天都会来拜访咪咪，随着列侬慢慢长大他们也变得亲密起来。他们对音乐和服饰的审美很相似，外表看起来多少都有点不合常规。对于音乐这件事，朱莉亚很支持列侬，但咪咪姨母对此持有相反的态度。朱莉亚还给予了列侬大胆表达自我的勇气，即使用一种不同于旁人的表达方式。母亲这种与众不同的爱，让列侬有勇气穿上当时最流行的"泰迪男孩"（Teddy Boy）风格的服装。"泰迪男孩"是出现得最早的纯粹出于风格和个人表现而打扮的英国亚文化

列侬开始在人群中脱颖而出，而不是像咪咪姨母所希望的那样，成为一个顺从的普通人。

朱莉亚是列侬整个世界的中心，她在列侬生命中所扮演的角色，不仅是母亲，还是朋友。保罗·麦卡特尼曾和列侬以及朱莉亚一起度过了很多时光，他对列侬不得不离开朱莉亚而回到姨母家时的反应记忆犹新，"当我们从那里离开的时候，约翰总会流露出浓浓的悲伤。在回去的路上，我总能看出他有多舍不得离开，他很爱她，但不能和她生活在一起又让他陷入悲伤。我知道他也爱他的姨母，但她始终无法替代生母。"不幸的是，朱莉亚在一次交通事故中意外去世，列侬一生都未能从这个巨大的悲剧中恢复过来。自母亲离世后，列侬就变了个人，好像有人把他身下的一床毯子突然抽走了。1980 年，他说："我失去过她两次，一次是我 5 岁的时候，我搬去和姨母住；一次是我 17 岁那年，她离开了这个世界……对我来说那是一个艰难的时期，让我万分痛苦。那时，我感到青年时期的我所肩负的某种潜在狂躁被放大了。"

列侬将他的痛苦压抑在内心深处，开始将自己扮演成一个冷酷、坚强的人，来掩饰心中的愤怒和自卑。有时候，这些情绪会演变成一些暴力行为，但更多时候，列侬选择用酒精来麻痹这些悲伤。当他成为一名音乐创作人之后，他会用最直接的方式将自己内心的恶魔驱赶出去。与他的音乐创作伙伴保罗·麦卡特尼不同，列侬会以一种非常坦诚的方式表露他内心深处的情感，而麦卡特尼则会在创作中掩盖他经常在写自己的事实。列侬非常诚实，坦率地打开他的内心，在音乐创作中展现本色。他的第一任妻子辛西娅（Cynthia）回忆道："约翰把自己的形象打造成学校里最坚强的男生，但他的音乐毫无保留地表达了他的真性情。他需要把内心的温柔在他的音乐中释放出来。"在母亲去世 11 年后，列侬为她写了一首美丽的安魂曲《朱莉亚》，流露出他无限的柔情。

音乐在列侬的生命中变得越来越重要，罗尼·多内甘（Lonnie Donegan）和埃尔维斯·普雷斯利（Elvis Presley）让他生命的血液沸腾。披头士乐队在汉堡结识的朋友阿斯特丽德·基希赫尔（Astrid Kirchherr）回忆道："他痴迷于摇滚乐，经常一遍又一遍地听杰瑞·李·刘易斯（Jerry Lee Lewis）、查克·贝里（Chuck Berry）和小理查德等创作人的音乐。"当他成为一名职业音乐人后，如果受到其他音乐人的干扰，他会回顾他早年时期的那些歌曲。部分原因是他从来都不是一个自信的吉他手，而他早年时期的摇滚歌曲已经被铭记在他的记忆中，同时也因为它们对他来说意义重大。摇滚精神是有趣的，在"失落的周末"（lost weekend）期间，列侬录制了一张老歌专辑，只为那些老歌带给他的快乐。尽管他也对其他类型的音乐产生过兴趣，但他总是回归到摇滚乐上。

顺理成章地，列侬组建了自己的乐队并担任乐队的领导者。采石工乐队（The Quarrymen）是在他学校的朋友圈中创建起来的。他对乐队非常严格，一直在寻找更好的新成员来提升这支乐队。没有什么可以阻碍他的音乐和乐队在未来取得成功。当在圣彼得教堂宴会上遇见保罗·麦卡特尼时，他就知道麦卡特尼是乐队的不二人选，麦卡特尼也因此加入了乐队。乔治·哈里森（George Harrison）的加入同样也是为了让乐队变得更好。列侬做的唯一让步是让他最好的朋友斯图尔特·萨特克利夫（Stuart Sutcliffe）加入了乐队，这是他为数不多的感情用事的时候。萨特克利夫并不是一个有天赋的音乐人，虽然他用攒下的钱买了一把贝斯这件事情对列侬所做的决定产生了一定的影响，但促使列侬做出这个决定的还是因为他们的友谊。

列侬是在利物浦艺术学院与斯图尔特相识的。斯图尔特是一个安静的知识分子，在艺术方面很有天分，并且总是相伴列侬左右。列侬的第一任妻子辛西娅这样描述他们之间的友谊："约翰和斯图尔特的感情十分美好，约翰是阴而斯图尔特是阳。约翰是一个离经叛道的音乐家，而斯图尔特遵守原则，本身也是一个天才，他对约翰很着迷，但他也教了约翰很多东西。他们完全理解对方，并且毫无保留地把自己所知的、所拥有的分享给对方。约翰帮助斯图尔特坚守自我，斯图尔特帮助约翰减少一点对外界的狂野和苛刻。"这是列侬一生都在尝试建立和保持的平衡关系。尽管很多时候，列侬和斯图尔特在智力、天赋和性格上截然相反，但列侬最亲密的朋友、经纪人、妻子以及情人都由衷地感谢斯图尔特给列侬带来的影响。

无论列侬在外面表现出什么样子，那都不一定是事实。他粗暴的外在行为是为了掩盖情感上根深蒂固的不安全感。他是一个很冷酷的人，如果他被别人殴打，他会将这种伤害加倍奉还。保罗·麦卡特尼分享了列侬的兴趣，并指出他的弱点："约翰是一个更内向的人，有时候为了让自己不受伤害，他宁可先伤害别人……约翰有很多需要守护的东西，这塑造了他的个性。他是一个非常谨慎的人。我认为这就是我们之间的平衡，约翰的刻薄和机智只是浮于水面的，当你真正深入地了解他，你会发现在这种外在表现之下，他是一个相当温暖的人。"

列侬的名声很快就在大学里传开了，他同时代的同学记住他更多是因为他特立独行的举动而不是聪明才智。自从失去母亲后，他在外面就表现得很冷酷，经常用言语或行为攻击他人。有些同学会很害怕他，跟他在一起的时候会特别谨慎。作为学校中的破坏分子，他经常用一些暴力行为来掩盖自己的不安全感以及对母亲去世的悲痛，他在老师眼中也是出了名地让人头大。尽管他是一名艺术家，也是一名音乐家，他总是通过攻击他在别人身上看到的弱点来表达自己。

但是，列侬确实是一个聪明、幽默、浑身散发着魅力的人。尽管他的行为粗暴，但还是有很多女孩

子对他着迷。他跟他的同学塞尔玛·皮克尔斯（Thelma Pickles）有过一段短暂的恋爱关系，之后才遇见了他未来的妻子辛西娅·鲍威尔。辛西娅十分腼腆，谦虚有礼，举止得当，几乎在所有方面都与列侬迥然不同。起初，列侬通过攻击她的中产阶级背景来掩饰他对她的迷恋，这是他所知道的掩盖他的缺陷的唯一办法。咪咪姨母说他害怕辛西娅，正如辛西娅害怕他一样。虽然辛西娅很害怕他潜在的暴力倾向，但列侬在情感上却是小心翼翼的。他在情感上的无能可能是他的成长历程所造成的。虽然咪咪姨母很爱他，但她可能表现得冷淡而疏远，对她来说，表达自己的情绪并非易事。

列侬继续把精力花在乐队而不是绘画上。1960 年，乐队在德国汉堡签下了第一份唱片合约，约翰在这个时候把乐队的名字改为披头士乐队（The Beatles）。从汉堡开始，披头士的时代开启了。从家庭的束缚和责任中解脱出来，列侬可以尽情地放纵自我了。他开始酗酒，服用了大量的苯甲吗啉——一种主要成分为安非他命的强力减肥药，并整夜地玩摇滚乐以赚取生活来源。在乐队中，他可以恣意妄为，还乐于嘲笑德国观众。长期的舞台表演经验把披头士乐队从一支粗糙的业余乐队变成了一支配合紧密的摇滚乐队。"我们成长了许多，也更有信心了，"列侬回忆道，"我们一整晚停不下来地表演，不知不觉累积了很多表演经验，获得了进步。"列侬和披头士乐队渐入佳境。1961 年 6 月，披头士乐队返回汉堡，录制了一张唱片。或者更确切地说，他们是为了给托尼·谢里丹（Tony Sheridan）帮贝尔特·肯普菲尔特（Bert Kaempfert）制作的唱片伴奏而回来的，并录制了两首歌，那两首歌直到他们成名之后才正式发行。顺其自然地，列侬演唱了他最喜欢的一首老歌《她不可爱吗》（*Ain't She Sweet*），而且乐队为由列侬和哈里森创作的歌曲《为了一个幽灵而哭泣》（*Cry For A Shadow*）录制了伴奏。由披头士乐队伴奏的谢里丹的传统歌曲唱片《我的邦尼》（*My Bonnie*）在德国发行，但披头士乐队在利物浦当地的俱乐部里演唱了这张唱片中的歌曲之后，它的拷贝销量突飞猛进。披头士乐队当时已经是默西塞德头条新闻的主角了，这多亏了一位年轻人去唱片店询问他们在德国制作的这张唱片，正是因为这样，布莱恩·爱泼斯坦（Brian Epstein）才对披头士乐队产生了兴趣。

这位即将成为披头士乐队经纪人的男人，第一次见到披头士是在洞穴俱乐部（The Cavern club）。乐队在那时还很粗糙，但是布莱恩·爱泼斯坦很快就发现了他们的闪光点。没过几周，他就成了披头士乐队的经纪人。爱泼斯坦让他们成为超级明星的计划很简单：把他们打理干净，穿上西装，走上舞台。这不符合列侬一贯的作风，但是他同意了这个计划。"爱泼斯坦说，'如果你穿上西装……你就会得到

披头士乐队的首部剧情长片《一夜狂欢》布景中的列侬。

这么多钱'……那就穿西装吧。我穿上了西装。如果有人付钱，我甚至可以穿上红气球。" 爱泼斯坦第二个阶段的计划是确保他们有一份唱片合同。这件事情比他想象中还要困难。只有 Decca 唱片公司对披头士乐队表现出了兴趣，而且是因为爱泼斯坦是东北地区最大的唱片零售商，唱片公司不想跟他闹不愉快。1962 年 1 月 1 日，Decca 唱片公司给了他们一个在伦敦录音室试唱的机会，但他们失败了。爱泼斯坦绞尽脑汁把这些唱片引入 BBC 的广播节目中，但是与四大唱片公司签订唱片合同的希望还是很渺茫。

1962 年 6 月，爱泼斯坦终于拿下百代唱片（EMI）的子公司帕洛风（Parlophone）的唱片合约，他说服经理乔治·马丁（George Martin）签下披头士乐队。最终打动这位经理的，是披头士的迷人特质以及列侬和麦卡特尼共同创作的歌曲《爱我吧》（Love Me Do）。然而，马丁对披头士乐队的鼓手皮特·贝斯特（Pete Best）不满意，所以贝斯特被迫离开了乐队。乐队当时已经盯上了利物浦罗里风暴乐队（Rory Storm and The Hurricanes）的鼓手林戈·斯塔尔（Ringo Starr），就像之前麦卡特尼和哈里森一样，斯塔尔被选中是因为他可以提升乐队的品质。乐队在百代唱片艾比路录音室正式录制第一张唱片时，斯塔尔就应该加入乐队，但那时斯塔尔还没给马丁留下特别的印象，所以马丁预先请来了一名音乐人，斯塔尔只负责摇铃鼓。

几乎在披头士乐队与百代唱片签约的同时，辛西娅怀孕了。为此，列侬做了一个体面的决定，他们在 8 月 23 日结婚。"是的，我们必须结婚，"他回忆道，"当我把这件事情告诉咪咪姨母的时候，她只是发出一声感叹。"那时他正迈向成名之路，他的婚姻和辛西娅的怀孕必须向粉丝保密。1963 年 4 月，辛西娅生下了他们的儿子朱利安（Julian）。几周后，披头士乐队的单曲《请取悦我》（Please Please Me）大获成功。1963 年年底，披头士乐队已成为英国的明星。《她爱你》（She Loves You）登上了 1963 年英国单曲销量榜首。1962 年 10 月，乐队在伦敦帕拉迪昂（Palladium）剧院演出时，数百名粉丝在周边的街道尖叫、呐喊，引起了轰动。第二天，报纸报道了此事，举国上下都知道了披头士。披头士狂热诞生了。

虽然披头士已成为英国的头条新闻，但他们在其他地方打开名气还需要更长的时间。1964 年 1 月，他们在巴黎奥林匹克剧院（Olympia Theatre）进行了 18 场演出，那里粉丝的热情同样高涨，不过主要是男性歌迷。在巴黎的时候，他们得知他们的第五首单曲《我想握住你的手》（I Want To Hold Your Hand）已成为美国的销量冠军。披头士乐队在美国取得了一些小成就，但 Capitol 唱片公司对他们兴趣冷淡，这让他们感到沮丧。Capitol 唱片公司否定了他们之前的所有唱片，原因是它们不够商业化。

很少有英国的唱片能在美国唱片排行榜上名列前茅，所以披头士乐队早期的唱片一直是由独立的厂牌发行的。

打开美国星路的过程是漫长而艰苦的，但是当披头士乐队在美国取得成功时，其程度之强烈出乎他们的预料。他们的唱片销量以百万计，在默西赛德郡，他们的唱片赚取了数百万美元。无论他们走到哪里，都受到人们的追捧和欢迎。对列侬来说，这一切都是他梦寐以求的。"当然，我拥有了名声、权力、金钱，成为名人了，还赢得了美国人的崇拜，这是最棒的事情。"他说。他承认，在美国取得成功靠的不是任何一个乐队成员单方面的努力，而是每个披头士都做出了重要的贡献。但是，列侬在接受采访时清晰的思路和锐利的才智帮助披头士摆脱了普通流行歌手的平庸。每当披头士接受采访时，记者往往首先向列侬提问。

披头士重返英国后，开始拍摄他们的第一部电影《一夜狂欢》（*A Hard Day's Night*）。就像他们做的其他事情一样，这部电影也不走寻常路。他们不想拍摄一部仅仅靠他们名气支撑的低端电影，导演理查德•莱斯特（Richard Lester）制作了一部展现披头士一天生活的随意的黑白纪录片，影片像他们一样快节奏，充满诙谐之气。

英国版的电影原声专辑收录了 13 首列侬和麦卡特尼创作的歌曲，这是第一张充分展现他们的音乐创作天赋和才能的杰出专辑，他们被誉为自舒伯特（Schubert）之后最伟大的音乐创作人。他们不仅为披头士乐队创作热门歌曲，还为像艾拉•费茨杰拉（Ella Fitzgerald）和彼得•塞勒斯（Peter Sellers）这样的艺术家创作。咪咪姨母曾说，列侬永远无法靠弹吉他赚钱，而这个断言很显然被事实打败了。

当披头士乐队忙于拍摄《一夜狂欢》时，列侬设法在空隙中写作，并出版了他的第一本书《他的亲笔》（*In His Own Write*）。书中的大部分素材来自他小时候画的漫画《每日嚎叫》，这是一本由简短的诗和幽默的绘画构成的小书。开始有人把列侬和乔伊斯（Joyce）、瑟伯（Thurber）相提并论。对此，他自然非常高兴。因为他从很小的时候就知道自己注定会成为伟大的人，现在这个预言得到了证实。这本书展现了列侬性格和思想的阴暗面，以及他在青春期所经历的心灵创伤。他的书里画了许多残疾、畸形的生物，还透露出几年前让莱尼•布鲁斯（Lenny Bruce）获罪的病态幽默。列侬在谈到他所创造的角色时说："它们是某种潜在暴力的表现，它们是在仙境中梦游的爱丽丝，是小熊维尼。当时我处于焦虑之中，我试图排解很多不良情绪。这是我对当时所发生的事情的看法。"

列侬童年时代的阴影依然笼罩着他，虽然披头士已成为有史以来最闪耀的娱乐明星，但他仍然受到自我怀疑和自卑的折磨。1964 年秋天，他为披头士乐队的第四张专辑《出售披头士》（*Beatles For*

Sale）录制了《我是一个失败者》（*I'm A Loser*）这首歌。次年，他为披头士乐队的第二部电影《救命！》（*Help!*）录制了同名主题曲。他后来说："我的意思是——这是真实的。这首歌真切地抒发了我当时的心情，和真实的情况一模一样。当我知道我如此了解自己的时候，我被一种安全感包围。"这首歌引起了列侬强烈的共鸣，因为他在 1970 年开始接受心灵治疗的时候，又唱起了这首歌，还考虑在其他不同的场合重新录制这首歌。

列侬是有史以来最伟大的摇滚歌手之一，他却不喜欢自己的声音。那些影响了他写歌的疑虑也影响了他录制声音的方式。当他发现可以通过"双重音轨"或增加回声的方式使他的声音与原本的不同，他就坚持用这种方式来录制歌曲。随着录音室技术的发展，列侬竭力掩饰自己的声音。他的声音变得越来越失真，这种效果在披头士乐队的杰作《明天永不可知》（*Tomorrow Never Knows*）中达到了极致。他一直都致力于掩盖自己真实的声音。在 1980 年录制的最后一张唱片中，他花了更大的力气来修饰和完善他的声音，而不是改进录音过程中的其他方面。

披头士的工作量攀上了高峰。他们经常顶着压力创作更多的歌曲，接受录制唱片、参加广播和电视节目的严峻考验，甚至接受参演电影和现场演出时发生的无理要求。面对这些要求，有时不得不舍弃一些东西。他们在唱片中所录制的部分内容无法在舞台上表演，而且他们是在体育馆演出的，所以他们也无法听到自己的声音。他们于 1966 年在德国、日本、菲律宾和美国进行了巡演，这成为压死骆驼的最后一根稻草。世界旅行已经不再那么有趣了。无论他们走到哪里，都有抗议、死亡和威胁，以及乐队的安保无法控制的人潮汹涌的粉丝。除此之外，列侬在一家英国报纸上发表的言论被断章取义，这在美国也引起了很大的争议。

列侬在接受《伦敦标准晚报》（*London Evening Standard*）记者莫琳·克莱夫（Maureen Cleave）的采访时坦言，基督教对年轻人缺乏吸引力，并且把披头士乐队和基督教的流行性做了比较。这段言论在英国并没有引起注意，因为它是在一篇知识渊博的主要谈论流行歌星范围之外的主题采访文章中被引用的。4 个月后，这段言论被一本主要面向十几岁的年轻少女的美国杂志摘录了出来，然后引起了全国各地的愤怒。广播电视禁止播放披头士乐队的唱片，人们公开焚烧披头士的唱片及其相关商品，甚至三K党（Ku Klux Klan）也参与其中。列侬对此感到非常不适，在披头士乐队最后的美国巡演中，他被迫公开道歉。在披头士的每一次新闻发布会上，他都被要求解释他当时的言论，他也变得越来越恼火。"我并不是反对上帝、反对基督、反对宗教，"他说，"我的意思并不是我们优于上帝。我相信上帝，但我并不是把上帝当作某种东西、某个生活在天空中的老人。我认为人们所说的上帝是存在于我们内心的某种东西。"

披头士的巡演结束了，而列侬开始成为一个和平缔造者。披头士乐队回到英国后，他们休息了一段时间，然后开始个人的计划。列侬在理查德·莱斯特的反战电影《我如何赢得战争》（*How I Won the War*）中饰演了火枪手格里普韦德（Gripweed）。在一段时间内他本想公开反对越南战争，但被布莱恩·爱泼斯坦阻止了，他仍然认为披头士只是一支流行乐队。《我如何赢得战争》这部电影告诉列侬，除了作为披头士乐队的一名成员以外，他还可以在愈演愈烈的和平运动中发挥积极的作用。"我讨厌战争，"他说，"我讨厌越南战争，以及发生在那里的一切。如果还有另外一场战争，我不会参与到战斗中——尽管年轻人总是被鼓励去战斗，我会站在那里，阻止人们去战斗。"然而，在他还没来得及完全投身于和平运动之前，披头士乐队的下一张专辑就要录制了。

从巡演的束缚中解脱出来，披头士乐队搬进了百代唱片的工作室，开始录制被认为是他们最伟大的专辑《佩珀军士的孤独之心俱乐部乐队》（*Sgt. Pepper's Lonely Hearts Club Band*）。列侬创作的《永远的草莓地》（*Strawberry Fields Forever*）是他们录制的第一首歌，这首歌的录制为专辑其余的歌曲设定了模范。列侬对这首歌的第一个录制版本并不满意，他坚持要求乐队以更高的音和更快的节奏录制第二个版本。乔治·马丁也参与了伴奏录制。但是，列侬对第二个版本也不满意，他要求马丁将第一个版本的第一段和第二个版本结合在一起。在这张专辑里，披头士将他们的创造力和音乐才能发挥得淋漓尽致。他们花了 700 个小时录制《佩珀军士的孤独之心俱乐部乐队》，这是一个前所未有的时间长度。而且，他们把录音室打造成了一个声音实验室。

列侬的音乐创作之路也越来越曲折了。《永远的草莓地》不仅仅是一首关于利物浦的童年记忆的歌曲，它也表现了列侬是用不同于常人的眼光看待这个世界的。如果说他之前看待世界的方法就已与其他人有所不同，那么现在这种方法已经被 LSD（致幻剂）扭曲了。这必然影响了他的音乐创作。但是，当人们发现《露西在缀满钻石的天空中》（*Lucy In The Sky With Diamonds*）这首歌的歌名中名词的第一个字母可以拼作"LSD"时，他坚决否认这首歌是在迷幻状态下创作的。但这首歌以及他的另一首杰作《生命中的一天》（*A Day in the Life*）还是被 BBC 禁了，因为《生命中的一天》里有"我希望让你兴奋神迷"这样的歌词。但列侬的真实意图并不是让人们神迷于致幻剂中，而是希望开启人们的心灵，挖掘他们可以影响社会变化的潜力。如果说《生命中的一天》并没有传达出这一点，那么他为披头士乐队首个全球电视广播节目创作的《我们的世界》（*Our World*）更加成功地实践了这个想法。

受到 BBC 的委托，列侬要写一首可以被各地观众理解的简单的歌曲。于是他创作了一首歌，在这首

1974 年，列侬回到纽约录制专辑《墙和桥》（*Walls And Bridges*）。这张专辑是在埃尔顿·约翰（Elton John）的帮助下录制的。该专辑的主打歌是他的首支冠军单曲《无论你如何度过今夜》（*Whatever Gets You Thru The Night*）。

歌里他传达了越来越强烈的民众力量可以给社会变革带来积极因素的信念，以及对和平的渴望。《你所需要的只是爱》（*All You Need Is Love*）很大程度上是《想象》（*Imagine*）的先行曲。列侬通过这首歌告诉大家："没有什么事是你做不到的。"而且，只要付出行动，事情是很容易的。如果说《永远的草莓地》表现了列侬的某种心理矛盾——"这对我来说并不重要"，而《你所需要的只是爱》发出一个积极的信号，它鼓励人们发挥集体的力量，为一个将爱与和平置于战争和毁灭之上的世界而努力奋斗。

　　《你所需要的只是爱》是列侬成为和平大使的第一步，但在完全致力于这项事业之前，他需要找到自己内心的和平。乔治·哈里森把马哈里希·玛赫西·优济（Maharishi Mahesh Yogi）的课程介绍给他，他觉得自己可以在超觉冥想中获得平静。起初，列侬把改善自我的期望寄托在这个课程，但这个愿望很快就破灭了。他创作了一首叫《性感的赛迪》（*Sexy Sadie*）的歌曲，对玛赫西进行了似有似无的批判。当他沉浸在超觉冥想中的时候，列侬的世界被两件大事震撼了。披头士乐队的经纪人布莱恩·爱泼斯坦去世了，乐队急速转入下坡路，最终可能会跌到谷底。与此同时，他对概念艺术家小野洋子产生了兴趣。她的艺术品"生日庆祝事件"（Birthday Festival Event）一下子俘虏了列侬的心。在这个活动中，她连续 13 天每天给列侬寄来一张卡片，上面写着"呼吸"或"跳舞"的指示。直到 1968 年初夏，列侬和小野洋子确定了关系。

　　"我一直梦想着遇到一个艺术家，一个会喜欢我的女艺术家，"他说，"我以为这只是一个神话，但我后来遇到了洋子，神话实现了。"小野洋子改变了列侬，她给予他灵感和活力。列侬投身于她的先锋艺术世界，他们注入大部分的精力以促进和平事业的发展。"我们试图找到我们的共同点，一个共同的人生目标，"他说，"爱是我们相通的最后的归宿，而爱带来了和平，所以我们决定为世界和平而努力。"

　　列侬在公开场合的政治色彩更加浓烈了，他创作了《革命》（*Revolution*）一曲，并且受小野洋子的启发为披头士乐队的《白色专辑》（*White Album*）创作了《革命 9》（*Revolution 9*）。列侬和小野洋子形影不离，他们去任何地方都要一起，甚至是在披头士乐队录制专辑的时候——她参与了《班哥洛·比尔的后续故事》（*The Continuing Story of Bungalow Bill*）的演唱——而这击破了这支关系濒临破裂的脆弱的乐队的最后底线。在小野洋子的支持下，列侬以个人名义进行了首次独唱表演，还在滚石乐队（The Rolling Stones）"命途多舛"的"摇滚马戏团"（Rock 'n' Roll Circus）演唱会上进行了表演。

　　在小野洋子的鼓励下，列侬与披头士乐队渐行渐远。小野洋子是他的理想伴侣，她鼓励他开拓更广阔的想象之地，而他的名气和地位促使他们所做的一切都成为头条新闻。他们于 1969 年 3 月 20 日结婚，他们利用这个事件进行了一些积极的宣传，这赋予了他们的婚礼一层别样的意义。

最后，列侬投身于过去一年笼罩着欧美的政治激进主义活动中。1968 年，到处都是反对越南战争的抗议和暴动。列侬曾写过他对革命的渴望，但由于这个想法过于暴力，他一直无法实现。和小野洋子在一起之后，他找到了一种非暴力的方式来抗议，这种方式就是让民众听到他和他对和平事业的呐喊，推动世界和平。

他们把蜜月变成一场巨大的媒体活动来宣传他们的和平事业，而他们为了和平而进行的各种抗争活动和越南战争的结束为他们带来了可喜的飞跃。从那时起，他们变成了以和平之名而进行工作和生活的艺术品。"我们的生活就是我们的艺术，"列侬如是说，"这就是床上和平运动的本质，实际上，我们是在报纸上为和平做广告，而不是战争。"

列侬和小野洋子想进行一场鼓励自我意识实现和个人反抗的文化革命，一场发自人民而不是领导人的革命。就像鲍勃·迪伦（Bob Dylan）之前说的那样，列侬也说不要盲目追随领袖，革命要从个人层面开始，并依靠个体发展壮大。通过把音乐和艺术作为基石，列侬夫妇希望可以鼓励人们挖掘自身的潜力，从而建立起一个全球乌托邦。但问题是，大多数人都不知道在床上待一个星期或留长头发如何带来和平。事实上，列侬和小野洋子对大多数人来说太理性了，人们无法理解他们想要实现的是什么。虽然列侬的单飞事业已经很稳固了，他已经和小野洋子发行了两张个人专辑，但回到英国后，他开始制作披头士乐队的最后一张专辑《艾比路》（Abbey Road）。当年 9 月，他已经决定要离开披头士乐队。尽管他把这个决定告诉了乐队成员，但是他对媒体依然保密。

1969 年,《滚石》(Rolling Stone) 杂志将列侬评为年度最佳人物，而英国社会学家、人类学家德斯蒙德·莫里斯（Desmond Morris）博士则进一步把列侬评为时代最佳人物——获得这一头衔的另外两个人分别是约翰·肯尼迪（John F Kennedy）和胡志明（Ho Chi Minh）。

当列侬被认为其影响力足以和世界上那些强势的领导者相提并论的时候，他的观念变得更加激进。他仍然是一个狂热的和平主义者，但随着越南战争的升级，他的观念变得越来越左翼。列侬很快成了反主流文化之王，并乐于将他的金钱和时间奉献给他认为有价值的事业。列侬和小野洋子用一场全球明信片运动作为当年的结点，该运动宣布"战争结束了！ 如果你希望过一个快乐的圣诞节！ ——约翰和洋子"。这个简单而充满力量的理念让人想起了小野洋子早期的概念教学艺术作品，同时也让他们的和平运动保留在公众的视野中。

1970 年是列侬的一个转折点。当年 4 月 10 日，保罗·麦卡特尼宣布离开披头士乐队。列侬从来没有原谅他这个决定，但不是因为他想让披头士乐队继续下去，而是这支乐队是由他创立的，宣布它灭亡的那个人也必须是他。1970 年这一年，列侬也从公众的视线中退隐。列侬用那段时间来治愈母亲离世所带来的痛苦。4 月，他飞往洛杉矶，在亚瑟•贾诺夫（Arthur Janov）医生的指导下接受了 3 个月的特殊治疗。在治疗期间，他试图和自己的愤怒与痛苦和解，这些愤怒和痛苦从他身上蔓延到他所创作的歌曲中。

列侬在洛杉矶创作的歌曲收录在《约翰•列侬／塑料小野乐队》（John Lennon/Plastic Ono Band）中，许多人认为这是列侬最伟大的一张个人专辑。这张专辑让列侬、林戈•斯特尔和贝斯手劳斯•沃尔曼（Klaus Voormann）——列侬第一次遇到他是在汉堡——重返录音室。这是一张粗犷的、原始的、极具个人色彩的专辑，列侬在其中毫无羞耻地进行了自我宣泄，将他的灵魂向整个世界摊开。几乎没有任何摇滚明星能制作出如此个人化和感人肺腑的专辑。这张专辑以《我母亲的离世》（My Mummy's Dead）一曲收尾，列侬终于让他母亲的灵魂在这首空灵的安魂曲中得到安息。

列侬夫妇和小野洋子的家人一起在日本度过了 1971 年的前几个月。但因为披头士乐队解散的诉讼即将开庭，他们不得不缩短了在日本逗留的时间。回到英国后，列侬接受了左翼杂志《红鼹鼠》（Red Mole）的采访，之后他写了《权力归于人民》（Power to the People）这首歌。"左翼在谈论把权力赋予人民，"他说，"我们都知道，人民的力量很强大，我们所要做的就是唤醒民众的力量。"这是多年来他一直试图以更微妙的方式来做的事情，尽管他当时还很谨慎，但他开始与激进的左翼政治结盟。然而，他仍然不确定是否要全身投入其中，因为他的下一张专辑与其说是一种对战斗的号召，不如说是一种对梦想的呼喊。

在他的前一张专辑里，列侬说"梦已经结束了"。而他的下一张专辑描绘了一个新的梦想，一个关于和平、和谐、团结的世界的梦想：在这个世界中，不分肤色、信仰、阶级、种族或贫富，人人平等。这张专辑的主打歌《想象》是在小野洋子的指导性作品的启发下创作的——只有被人们意识到时，艺术品才成为现实。列侬采用了这个理念，为世界谱写了一首希望之歌。他坚信，如果每个人都能想象一个更美好的世界，我们就会拥有那个世界。后来，小野洋子用一句话诠释了这首歌所传递的主要思想："如果只有一个人做梦，那梦只是一个梦；而人们一起做梦，梦就会变成现实。"《想象》鼓励我们把自己看作世界的生命体，而不是被国家地位、宗教或财产所定义的个人。当然，列侬因为"梦想无产"而受到了批判，但他所说的是试图想象一个个人不被任何东西所定义的世界，即使我们拥有的东西也无法定义我们。

《想象》诠释了列侬以及他的信仰。这首歌成了他最著名的歌曲，同时也是有史以来被演唱次数最多的 100 首歌曲之一。2004 年，《滚石》杂志评选其为有史以来最伟大的歌曲之一。列侬和小野洋子将这首歌作为专辑《在纽约的时光》（*Some Time in New York City*）的结束曲。那年 9 月，他们搬到纽约生活。到了纽约后，列侬就会见了国际青年党（易比党）的领袖杰里·鲁宾（Jerry Rubin）和艾比·霍夫曼（Abbie Hoffman），并开始与他们一起参与各种政治抗议活动。列侬和大象的记忆乐队（Elephant's Memory）为白豹党领导人约翰·辛克莱尔（John Sinclair）举办了多场义演，为阿提卡州立监狱枪击案的受害者募捐，还参加了诸如"杰瑞·刘易斯电视马拉松"（Jerry Lewis Telethon）等的主流电视募捐节目。

列侬已经完全加入到自由战士的行列中。顺理成章地，他们会记录下他们的活动以及他们希望由此给社会带来的变化。列侬开始认真地写作，过去他是写发自内心的东西，而最近的一批作品只是记录了他周围发生的事情。他接下来的专辑《在纽约的时光》不如他之前的专辑里那般感情充沛，在评论中的表现也不佳，更没有受到美国政府的欢迎。

尼克松总统政府把列侬视为一个破坏分子，并希望他离开美国。联邦调查局（FBI）窃听他的电话，跟踪他的一举一动，甚至分析他的歌词。美国政府试图以列侬先前非法拥有大麻为罪将他驱逐出境。列侬即将面临他与当局之间最激烈的斗争，这场斗争持续了多年，影响了他和小野洋子的关系以及他的工作。当尼克松再次当选美国总统的时候，列侬逐渐与激进的左翼政治保持距离，并专注于他的音乐生涯。他的下一张专辑《心灵游戏》（*Mind Games*）收录了少量有明确政治倾向的歌曲，但其同名主打歌重申了他对和平革命的渴望。尽管表现得模棱两可，但它所传递的精神思想与《想象》是一样的。

列侬的独特气质曾将他和小野洋子连接在一起，但现在开始影响他和小野洋子的关系。《心灵游戏》发行后不久，列侬和小野洋子分开了，列侬搬到了洛杉矶。列侬和一些酗酒的摇滚歌手混在一起，他又过上了在汉堡时的享乐主义的摇滚生活。"在洛杉矶，要么你躺在海滩上，要么你参加永无休止的演艺圈派对，"他说，"在那些场合我会很紧张，当我紧张的时候，我必须喝一杯。而我喝了酒之后，就变得很有攻击性。"就好像多年的政治运动和心灵治疗从未发生过一样。与小野洋子的分离给他带来许多痛苦，他试图通过喝酒来消磨这种痛苦。这是他称为"失落的周末"时期的开始。这个周末持续了 18 个月，报纸上铺天盖地都是关于他回到洛杉矶的种种猜测，但那都不是真相。

列侬搬到洛杉矶的原因之一是，要和制作人菲尔·斯佩克特（Phil Spector）一起录制一张他最喜欢的摇滚老歌的专辑。这位特立独行的制作人曾和列侬联合制作过他之前的 3 张专辑，但列侬总是设法将主动权控制在自己手中。然而，这一次，列侬和斯佩克特都失去了对专辑的把控力。录音过程和当时列侬的生活一样混乱，当斯佩克特带着母带消失时，录音过程戛然而止。由于没有其他事情可做，列侬打算和他的酒友哈里·尼尔森（Harry Nilsson）一起制作一张专辑。录音过程同样混乱，但列侬与他的前音乐创作伙伴保罗·麦卡特尼总算在录音室团聚了。在洛杉矶，列侬努力制作尼尔森的专辑，但他意识到享乐主义的生活是永无尽头的，所以他回到纽约把这张专辑制作完成。尼尔森的专辑完成后，列侬开始创作自己的新专辑《墙与桥》。他与埃尔顿·约翰联手录制了他的首支冠军单曲《无论你如何度过今夜》，并于 11 月 28 日和这位钢琴家一起出现在麦迪逊广场花园——这是他最后一场公开演出。在演出后台，他与小野洋子重聚了，不久之后，他就搬回了他们在达科他州的公寓。"当我和洋子重新在一起时，我们确定了这就是我们想要的生活，"他说，"生一个孩子对于我们来说非常重要，其余的一切都无法与之比拟，因为我们必须放弃其他的一切。我的意思是，放弃这些给予了我们寻找满足感和呼吸的空间……"

尽管《墙与桥》很成功，但列侬还是认为它差强人意。对他来说，与小野洋子分开时所经历的感情低谷、不断被驱逐的危险以及披头士乐队持续遇到的商业困境，这些给他带来的阴影都表现在这张专辑里了。"在音乐上，我的意识是一团糟，"他说，"没有灵感，只是被痛苦包围着……"

尽管很沮丧，但列侬还是很乐意回到录音室里。1975 年 1 月，他和大卫·鲍伊（David Bowie）一起为大卫的专辑《年轻的美国人》（*Young Americans*）录制了两首歌，其中的《名声》（*Fame*）是他创作的。这张专辑后来成为鲍伊在美国的第一张冠军专辑。回到曼哈顿后，列侬开始为他上一年与斯佩特克一起合作的那张专辑录制更多的摇滚歌曲。《摇滚》（*Rock 'n' Roll*）于 1975 年初发行，这是列侬 5 年内发行的最后一张专辑。

1975 年 10 月对于列侬来说具有里程碑意义。10 月 7 日，列侬最终赢得了与美国政府的斗争，美国政府撤销了对他的驱逐令（1976 年 7 月 27 日，他获得了美国绿卡）。两天后，在他 35 岁生日的时候，小野洋子生下了他们的儿子肖恩。为了庆祝肖恩的出生以及与百代唱片合同的结束，列侬制作了一张精选专辑《被屠之鱼》（*Shaved Fish*）。他的独唱生涯也到此为止了。

列侬作为一个自由音乐人，开始计划制作一张新专辑，但他很快放弃了继续他的唱片生涯的想法，他把接下来 5 年的时间都注入对肖恩的抚养上。列侬已经厌倦了唱片事业，正好可以利用儿子的出生淡出公众的视线。他本来应该成为一个"家庭妇男"，但他的想象力并未因此枯竭。他重新投入对读书的热爱之中，广泛阅读历史和宗教书籍。他坚持每天写日记，延续他前两本书的风格进行散文写作。这些作品集结成一本书《空中文字口耳相传》（*Skywriting by Word of Mouth*），在他离世后出版了。同时他还在继续写歌。

列侬的"家庭妇男"生活并不容易。1979 年 5 月 27 日，约翰和洋子在《纽约时报》上刊登了一版面的信，表明他们最艰难的时期已经结束了。"房子舒适，肖恩可爱，植物在生长，猫在咕噜叫。这座城市星光闪闪，阳光明媚，雨雪纷飞。我们生活在一个美丽的宇宙中。"尽管他们的生活如同田园诗一般美好，但他们并未忘记内心深处争取社会平等的渴望。信里继续说："如果我们两个人能用尽生命去做我们现在正在做的事情，任何奇迹都是可能的！地球的未来取决于我们所有人。"

1980 年 6 月，列侬乘坐 43 英尺高的"梅根·贾耶号"前往百慕大群岛，这次航行以及随后在百慕大的逗留重新唤醒了他再出唱片的愿望。肖恩 5 岁生日的到来，是为他的复出制订计划的好时候。周围的岛屿风光给列侬提供了新的灵感，他写了一批新的歌曲，并且把之前未完工的作品拿出来重新创作。列侬和洋子共同发行了一张新专辑，这是他们自 1972 年以来首次联合发行的专辑，同时也是他们计划的三部曲中的第一张专辑，最后他们会以世界巡演的方式实现三部曲的高潮。在百慕大的时候，列侬参观了一个植物园，发现了一种兰花并将它命名为"双重幻想"（Double Fantasy），这个名字简直是为他返回曼哈顿后录制的新专辑量身定制的。8 月，列侬和洋子与一些他们精心挑选的音乐家一起录制唱片。当列侬承认他们重返工作室后，他们马上又成为全世界的头条新闻。人们对列侬的期望很高，列侬也知道，在这么长时间的沉寂之后，他必须拿出一些特别的作品来证明自己。他们用单曲《（就像）重头再来》[(Just Like) Starting Over] 为这张专辑吹响号角，这首歌反映了列侬对他早期摇滚歌曲的反思，并预示着这是他生命中一个新阶段的开始。人们对《双重幻想》的评价不一。它并不像列侬之前的专辑那样尖刻，但对他而言，这张专辑所传递的精神与之前的专辑是一致的。"我们要知道，我们要一起为某些东西祈祷。我们可以共同想象一个图景，以此让它变得更加强大。这是奥秘所在。因为每个人都在联想不同的事情，就无法联合在一起。"

随着《双重幻想》的发行，一波接一波的宣传浪潮汹涌而至。列侬参加了《新闻周刊》《花花公子》和 BBC 的专访。12 月 8 日上午，他们接受 RKO 电台的漫长采访以宣传这张专辑，然后返回录音室，完成小野洋子《如履薄冰》（Walking On Thin Ice）的录制。列侬对这首歌寄予厚望，并打算让洋子以单曲的形式发行。列侬夫妇在晚上 10 点 30 分离开录音室，本来打算在返回达科他之前吃点东西。但是，他们还是决定直接回家，因为他们想在去餐馆之前看看肖恩。

当天早些时候，列侬把他的签名给了一位粉丝，他并不知道那位年轻人一直留在达科他等着他回来。那天晚上，列侬把他的豪华轿车停在路边，没有开进院子里。当列侬穿过人行道时，那位精神错乱的年轻人在后面朝他连开了 5 枪。他曾如此奋力地为和平而奋斗，却遭遇了如此暴烈的死亡，这震惊了全世界。这种毫无意义的、懦弱的行为不仅向世界剥夺了一个音乐家的生命，而且剥夺了一个曾感动了数百万人的伟大的人。列侬不仅是一位音乐家、作家、艺术家、电影制作人、政治活动家，还是一位父亲、梦想家，他以激励他人的热情从事着他的工作。他永远活在那些想象着一个没有偏见、饥饿和战争的世界的人的心中。

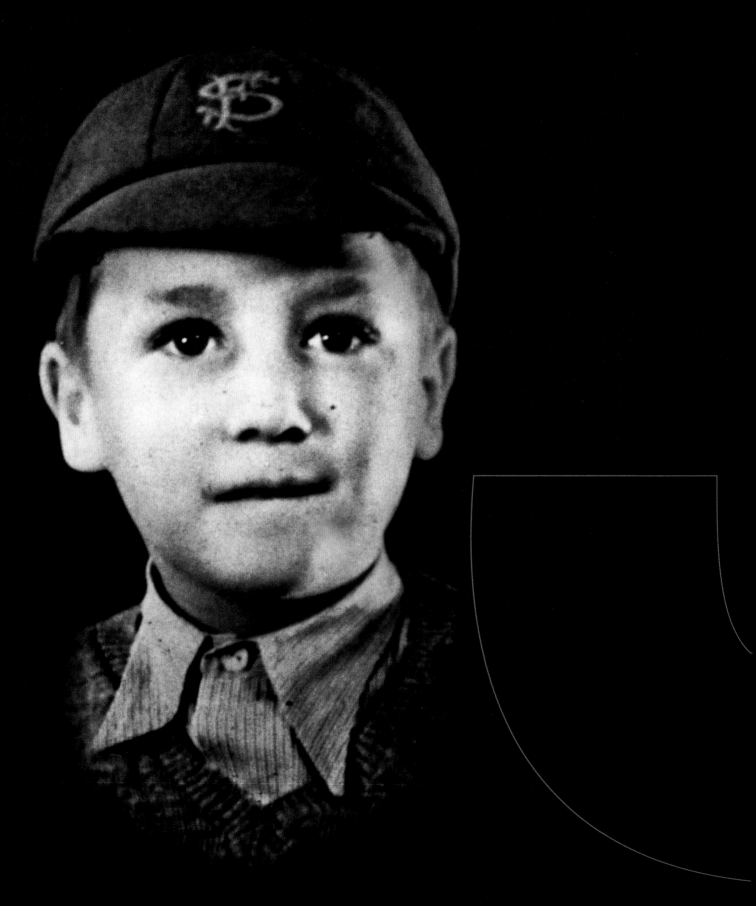

早年岁月
EARLY YEARS

CERTIFIED COPY OF AN ENTRY OF BIRTH

The statutory fee for this certificate is 3s. 9d.
Where a search is necessary to find the entry,
a search fee is payable in addition.

REGISTRATION DISTRICT *Liverpool South.*					
1940. **BIRTH** in the Sub-district of *Abercromby.*					
Columns:— 1	2	3	4	5	6
No.	When and where born	Name, if any	Sex	Name, and surname of father	Name, surname, and maiden surname of mother	Occupation of father
483.	*Ninth October 1940. Liverpool Maternity Hospital*	*John Winston*	*Boy*	*Alfred Lennon*	*Julia Lennon formerly Stanley*	*Steward (Steamer) 9. Newcastle Road Liverpool*

CERTIFIED to be a true copy of an entry in the certified copy of a Register of Births in the Dist

Given at the GENERAL REGISTER OFFICE, SOMERSET HOUSE, LONDON, under the Seal of the said Office,

BC 642560

This certificate is issued in pursuance of the Births and Deaths Registration Act 1953.
Section 34 provides that any certified copy of an entry purporting to be sealed or stamped with the seal o
or death to which it relates without any further or other proof of the entry, and no certified copy purporti
is sealed or stamped as aforesaid.
CAUTION.—Any person who (1) falsifies any of the particulars on this certificate, or (2) uses a falsified cer

GIVEN AT THE GENERAL REGISTER OFFICE,
SOMERSET HOUSE, LONDON.

Application Number................652 300.........

n the *County Borough of Liverpool*			
7	8	9	10*
Signature, description, and residence of informant	When registered	Signature of registrar	Name entered after registration
A. Lennon. Father 9. Newcastle Road Liverpool 15.	Eleventh November 1940.	J.R. Kirkwood Registrar	—

*See note overleaf.

above mentioned.

18ᵗ day of *July* 19⁶⁸.

General Register Office shall be received as evidence of the birth
be given in the said Office shall be of any force or effect unless it

e as true, knowing it to be false, is liable to prosecution.

约翰·温斯顿·列侬出生在利物浦妇产医院。家人以他的祖父温斯顿·丘吉尔的名字为他取名。他的父亲阿尔弗雷德在孩子出生时并不在场，他当时出海了。

约翰·列侬

JOHN LENNON

5 岁的约翰是一个习惯沉思的孩子。他必须在跟母亲还是父亲生活中做一个选择，这给他造成了心灵上的创伤。他选择了他的父亲，但是当朱莉亚离开时，他追在母亲身后哭喊不停。

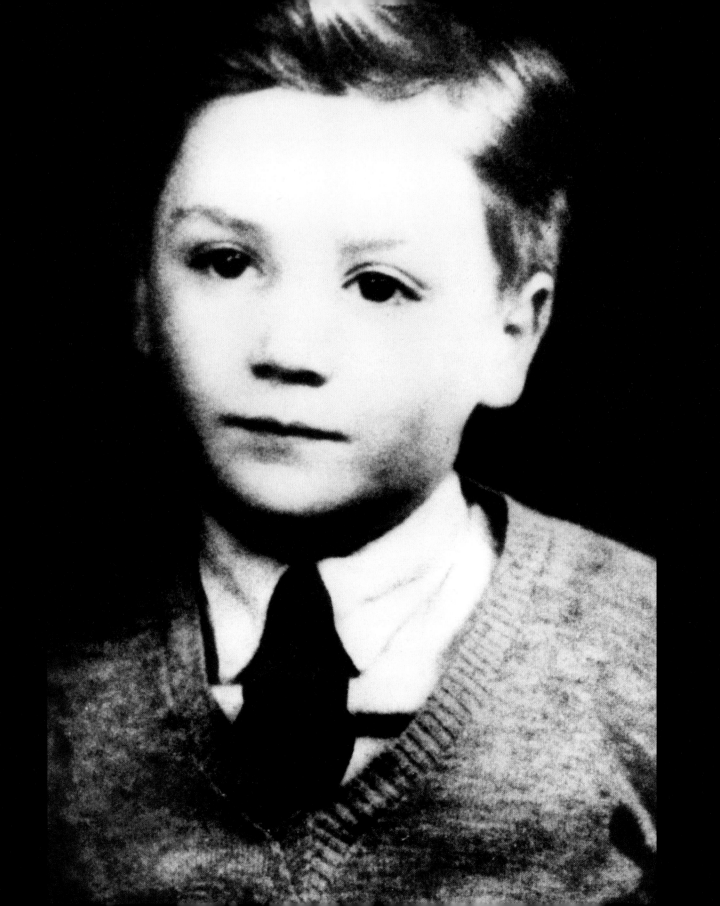

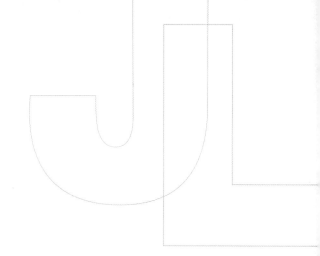

早年岁月

约翰•温斯顿•列侬于 1940 年 10 月 9 日出生于利物浦，是阿尔弗雷德•列侬（Alfred Lennon）和朱莉亚•列侬的第一个儿子。1938 年结婚后，他们几乎没有见过面。阿尔弗雷德在轮船上工作，他们结婚后的第二天他就启航去了西印度群岛，很少回家。当朱莉亚发现自己怀孕了，她甚至无法联系她的丈夫告诉他这个消息。当时，英国正与德国交战，德国的 U 型潜艇在太平洋上追捕英国的商船，而利物浦港是德国空军轰炸的主要目标。然而，关于列侬在空袭中出生的说法毫无事实根据，那天晚上利物浦并没有被突袭。

由于无法独自照顾列侬，朱莉亚将她的儿子交付给她的妹妹咪咪•伊丽莎白•斯坦利•史密斯（Mimi Elizabeth Stanley Smith）抚养。从 5 岁起，列侬和他的咪咪姨母和乔治姨父在绿树成荫的伍尔顿郊区门洛夫大道 251 号一起生活。咪咪和乔治对他视同己出。乔治姨父教他读报，他很快就爱上了阅读，对书籍的热爱一发不可收。

5 岁时，列侬进了多佛多拉小学（Dovedale Primary school）读书，学校离家里有 3 英里多的距离。他是一个聪明、有创造力、个性很强的男孩。他与其他男孩非常不同，有些男孩甚至觉得他有点吓人。班上的同学经常找列侬的麻烦，让他遭遇恶作剧。

列侬虽然很聪明，但他在学术上并没有天赋。1952 年夏天，当他进入采石岸文法学校（Quarry Bank Grammar School）念书时，他反叛的个性愈加突出，而正是这种个性让他日后成为无数人心中的英雄。他不爱做家庭作业，而是把时间花在写作和在练习簿上画画上。他的想象力异常超群，同学们甚至在教室里传阅他画的《每日嚎叫》，扰乱了课堂秩序。

1955 年，列侬遭遇了两件事，这影响了他的余生。那年他第一次听到了朗尼•多根（Lonnie Donegan）的《岩石岛铁路》（*Rock Island Line*）。而且，更为重要的是，他和母亲重新建立了关系。朱莉亚比较随性，与她严肃的妹妹正好相反。她在音乐上很支持儿子，并且教他弹班卓琴的一些和弦，

以及他学会的第一首歌巴迪·霍利（Buddy Holly）的《就是那一天》（*That'll Be The Day*）。那对列侬来说是一个非常重要的时期。他与母亲重新建立起情感联系，发展了个人意识，并迈出了成为音乐家的第一步。

在采石岸中学念书的第一年，列侬得到了一把吉他，并且组建了自己的第一支乐队。1957年3月，列侬和他的好朋友皮特·肖顿（Pete Shotton）一起组建了乐队，把乐队命名为"黑杰克"（The Blackjacks）。但列侬很快就把乐队的名字改为"采石工乐队"。噪音爵士乐带他走上了学院派之路，但当他听到猫王的音乐后，他的风格就转变了。"那时候，他整天整夜都在听猫王。"咪咪姨母回忆道。

咪咪姨母讨厌列侬对吉他的迷恋，她只允许列侬在门廊上练习吉他，并告诉他："吉他是很好，但你不能靠弹吉他挣到钱。"但这并没有阻止他放弃任何一个玩乐器的机会。采石工乐队经常在学校舞会上免费表演，他们成了学校的话题。他们在教堂大厅和青年俱乐部进行演出。他们经常在那里演唱当时的流行热门歌曲。1957年7月，他们受雇在圣彼得花园宴会上进行了两场表演，一场是在午后的花园里，另一场是在教堂大厅。音乐的世界对他而言充满了未知性，而这是列侬一生中最重要的日子之一。

采石工乐队的一名前成员伊万·沃汉（Ivan Vaughan）带着他的朋友詹姆斯·保罗·麦卡特尼一起去看乐队的演出。15岁的麦卡特尼给列侬留下了深刻的印象，而列侬为德尔·维金（Del Vikings）的《跟我来吧》（*Come Go With Me*）即兴创作歌词的能力也让麦卡特尼惊讶。演出结束后，麦卡特尼也在列侬面前展露了他的音乐才能。大约一周后，麦卡特尼碰巧遇到了皮特·肖顿，后者告诉他列侬很想让他加入乐队。

1957年9月，列侬进入利物浦艺术学院上学。这座烟黑色的建筑距离麦卡特尼就读的利物浦学院只有一步之遥。他们经常在午休时间见面，一起演奏巴迪·霍利和艾佛利兄弟二重唱（Everly Brothers）的歌曲。偶尔，麦卡特尼带着他的朋友摇滚迷乔治·哈里森一起过来，而不久后乔治就加入他们的午间练习当中。列侬一直想提升采石工乐队的音乐水准，他意识到哈里森的天赋让他做乐队的首席吉他手再合适不过了。次年，采石工乐队第一次去录音室录了两首歌：《就是那一天》以及由麦卡特尼和哈里森创作的《不顾一切危险》（*In Spite Of All The Danger*）。

1958年7月15日，列侬的世界破碎了。朱莉亚被一名退役警察酒后开车撞死。这件事给列侬留下的伤痛终生未能治愈。这些痛苦深埋于他的内心，只是偶尔在他的歌曲中出现。花了12年的时间和一段心理治疗，他才开始慢慢接受他母亲的离世，最后他用一首伤感的歌《我母亲的离世》让母亲的灵魂得到了安息。

P43　7 岁的列侬在门迪普的房子的前门廊外。当他开始学吉他时，咪咪姨母把他赶到门廊，说："吉他可以作为一种爱好，但是，约翰，你永远不能靠它谋生。"

P45　约翰和他的母亲朱莉亚在咪咪姨母家的花园里晒太阳。在他的童年时期，约翰被一群坚强的女人包围着。咪咪姨母对他说的座右铭是："做一件事情就要把它做到最好。"

朱莉亚把儿子寄托给咪咪姨母照顾，咪咪姨母便成了列侬的养母。虽然咪咪姨母把列侬视为己出，把他抚养成人，但列侬还是违背了她的中产阶级世界观，成为一名艺术家。

乔治姨父很喜欢和约翰一起在晚上读报。在乔治姨父的感染下，约翰养成了终生阅读的习惯，这也是他能创作出那么多流传甚广的经典歌曲的原因之一。

10 岁的列侬和邻居家的小狗斯奎克一起在咪咪姨母和乔治姨父位于利物浦郊区的绿树成荫的别墅后花园里玩耍。列侬的童年是在舒适的中产阶级生活中度过的。

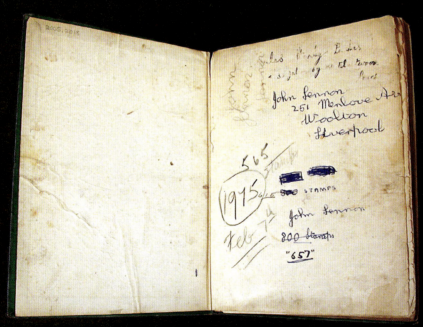

列侬对路易斯·卡洛尔的《爱丽丝梦游仙境》中的奇特人物和美妙故事十分感兴趣，他还热衷于在课本中画上色彩鲜艳的插图。他不喜欢上学，但是富有创造力。从 12 岁起，他会每天花几个小时在作业本上写作和画画，他把这些作品命名为《每日嚎叫》。

FORM 1R.   SEPTEMBER 1952.

Smith.L.Lennon.Shotton.Jones.K.Beattie.Jackson.Jacobs.Walpole.Turner.Hamill.Fazakerley.Fox.
Anderson.Williams.Clemson.Brooke.Mr Burrows.Jones.P.Elliott.Rhind.Hillier.Rowley.
Callaway.Gooseman.Bolt.McEvoy.Norbury.Moncher.Jennett.Raisewell.

1955

采石工乐队的成员乔治·哈里森、约翰·列侬和保罗·麦卡特尼摆好姿势拍了一张早期合影。在噪音爵士乐的热潮下，列侬在 1957 年进入采石岸中学后就组建了采石工乐队。

1957

1957 年 7 月 6 日，采石工乐队在伍尔顿的圣彼得花园宴会上进行演出，约翰·列侬与保罗·麦卡特尼在那时结识。后来他们成为有史以来最有成就的音乐创作合作伙伴。

披头士的黄金时代

THE BEATLES' GOLDEN YEARS

P54 1960 年，披头士乐队第一次前往德国汉堡。列侬在 P56 乔治·哈里森、约翰·列侬和保罗·麦卡特尼在利物那段时间过着他年少时代梦寐以求的生活。他去会见了他 浦福斯林路的麦卡特尼的家门外合影。两年后，林戈·斯的偶像，玩噪音摇滚，还挣到了钱。但他也同时思念着辛 塔尔才加入他们的乐队。西娅和咪咪。

披头士的黄金时代

1962 年 10 月 5 日，星期五，也就是列侬 22 岁生日的前四天，披头士乐队的首支单曲《爱我吧》在英国发行。对于一支在英格兰东北部以外几乎不为人知的乐队来说，这支单曲的销量还不错，并让披头士乐队累积了名气，虽然他们成名花了数年时间才实现。

从 1960 年 8 月开始，披头士乐队多次前往德国汉堡。正是在那里，他们成就了音乐道路上的惊人造诣。听众和俱乐部经理的要求都很高，长期的舞台演出促使他们从一支利物浦小白乐队转变为经验丰富的音乐家。

1961 年 6 月，他们在伯特·坎普弗为英国歌手兼吉他手托尼·谢里丹制作的唱片担任和声。《我的邦尼》一曲在德国发行，在汉堡地区十分畅销。很少有利物浦的乐队在德国发行过唱片，而这张唱片的发行让他们的生活从此发生了翻天覆地的变化。

1961 年 10 月下旬，雷蒙德·琼斯走进利物浦的北端音乐商店，询问店员有没有《我的邦尼》这张唱片。该商店的经理布莱恩·爱泼斯坦一向以他们商店能提供顾客所需的各种唱片而自豪，发誓一定要找到这张店里竟然没有的唱片。他得知这张唱片虽在德国发行，但录制这张唱片的披头士乐队却来自利物浦，因此他对披头士乐队产生了兴趣。

一段时间后，爱泼斯坦在利物浦马修街潮湿的地下室一家叫作洞穴的小俱乐部里追踪到了披头士乐队。当他听到披头士的音乐时，他马上就被迷住了。几个星期后，他就成了他们的经纪人，并为他们的成功铺好道路。他们首先要做的是在国内闯出一片天地，并签下一个唱片合约，这让他们举步维艰。

尽管爱泼斯坦竭尽全力去争取，英国的大牌唱片公司都拒绝了披头士乐队。但销量纪录上的一连串漂亮数字让爱泼斯坦有了会见帕洛风唱片公司经理乔治·马丁的机会。乔治·马丁于 6 月 6 日给了披头士乐队一次在伦敦百代唱片公司工作室试唱的机会。起初他没有表露出太大兴趣，但是当他听到《爱我吧》

这首歌时，他马上和披头士乐队签了一份唱片合约。

在与百代唱片公司签约的两个月后，披头士乐队的鼓手皮特·贝斯特被解雇了。林戈·斯特尔取代了鼓手的位置，乐队改造完成。到 1963 年年底，披头士已发行了四首冠军单曲和两张冠军专辑。披头士狂热开始了，他们将引起英国有史以来演艺界最伟大的轰动。

1964 年 2 月 7 日，数百名尖叫着的歌迷在纽约肯尼迪机场迎接披头士。他们将英国的冠军单曲《我想握住你的手》带到了美国。他们在埃德·苏利文秀（Ed Sullivan Show）上演唱了这首歌，约有 7300 万人观看了这场表演，之后他们一系列的演唱会门票全都售罄。披头士狂热已蔓延至全世界。

到 1964 年 4 月，披头士乐队已经有 14 张专辑进入了告示牌（Billboard）排行榜前 100 名，而乐队的五名成员也是这个领域的前五名人物。电影《一夜狂欢》紧随其后，在欧洲和美国巡映时取得了不错的票房。列侬还抽出时间出版了他的第一本书《他的亲笔》，这是根据他学生时代所写的作品集结而成的。而他的第二本书《工作中的西班牙人》（A Spaniard in the Works）也在次年出版了。

1965 年 8 月 15 日，披头士乐队在纽约谢伊体育场开始了他们的第三次美国巡演——这是谢伊体育场第一次举行摇滚音乐会。55000 名歌迷挤满了会场，创造了观众出席率最高和返场次数最多的新世界纪录。这次巡演是在他们第二部电影《救命！》上映之后。如果说有什么不同的话，那就是他们在 1965 年取得的成绩比之前在专辑发行上打破纪录的一年要大得多。

然而，1966 年是另一个转折点。披头士乐队的远东之旅以一次不愉快的外交照会结束，人们认为他们"冷落"了当时的菲律宾总统夫人伊梅尔达·马科斯。当披头士乐队第四次也是最后一次美国巡演时，舆论达到了顶峰。列侬在接受《伦敦标准晚报》采访时，随意发表了一个言论，他认为披头士乐队如今比耶稣基督更受欢迎。这句评论被《记事簿》（Datebook）杂志断章取义，导致披头士的唱片在美国各地被公开焚烧。1966 年 8 月 29 日，披头士乐队在旧金山的烛台公园进行了他们在美国的最后一次公演。

成名以来，披头士乐队第一次有了一些自由时间。列侬前往西班牙，参演了理查德·莱斯特的反战电影《我如何赢得战争》。列侬在影片中扮演的角色总是戴着一副圆形钢框眼镜，后来这成了他的显著标志。虽然与乐队的其他成员相距甚远，但列侬继续为披头士乐队写歌，并且在美国拍摄期间，他创作了《永远的草莓地》。这首歌本来是要列入披头士的专辑《佩珀军士的孤独之心俱乐部乐队》的，后来在 1967 年 2 月作为单曲发行。

当年 6 月，披头士乐队在世界上首个卫星转播电视节目《我们的世界》中向约 400 万名观众演唱了由列侬创作的《你所需要的只是爱》。为了寻求比物质财富更永恒的东西，他们参加了马哈里希·玛赫西·优济的超觉冥想课程。8 月 25 日，他们与玛赫西一起参加了在威尔士的班戈举办的为期一周的研讨会。两天后，布莱恩·爱泼斯坦被发现死在他伦敦的家中。这也是披头士乐队走向解散的开始。

　　披头士乐队的下一场冒险，是拍摄在电视上播放的电影《魔法奇妙旅》（*Magical Mystery Tour*），电影受到了评论家的严厉抨击。这不是他们第一次惹怒评论家，但是这起风波对披头士乐队来说确实是一场不小的灾难。1968 年，披头士乐队飞往印度，继续学习玛赫西导师的课程。他们未完成的计划包括制作他们的第一部长篇动画电影《黄色潜水艇》（*Yellow Submarine*），以及成立他们自己的公司——苹果唱片公司。在印度，他们创作了足够发行一张双碟专辑的歌曲，他们回到英国后就开始录制这张专辑。这些歌曲中的首发单曲《嘿，裘德》（*Hey，Jude*）——这是麦卡特尼为列侬的儿子朱利安写的——成了他们有史以来最畅销的单曲。这张双碟专辑《披头士》（*The Beatles*）于 11 月正式发行，销量百万。12 月，列侬发行了他与小野洋子一起录制的首张个人专辑《两个处子》（*Two Virgins*）。

　　到 1969 年年初，披头士乐队已濒临解散。1969 年 1 月 2 日，他们开始拍摄最后一部长篇电影《顺其自然》（*Let It Be*）。电影刚开拍几天，乔治·哈里森就宣布要退出乐队。他被劝服继续留在乐队，但乐队要解散的消息已透露了风声。乐队受尽了内斗的折磨，1 月 30 日，他们在伦敦西区中心的伦敦总部屋顶上举行了最后一次公开演出。但披头士乐队还没解散。1969 年夏天，他们在百代唱片的录音室里重组，录制了他们的告别专辑《艾比路》。电影《顺其自然》及同名专辑的录制却磕磕绊绊，多花了一年才完成。1970 年 5 月，专辑《顺其自然》发行时，被当时的人们比喻为"一块纸板墓碑"。这是世上最伟大的摇滚乐队的悲惨结局。

P60—P61　列侬在德国汉堡的一张留影。背景的虚影是他的朋友斯图尔特·萨特克利夫。后来，当列侬回忆起与摇滚英雄们在一起的点点滴滴，他这样描述在德国的日子："我出生于利物浦，却在汉堡长大。"

P62—P63　披头士乐队的五名成员：皮特·贝斯特、乔治·哈里森、约翰·列侬、保罗·麦卡特尼和斯图亚特·萨特克利夫第一次访问汉堡时的留影。他们将回到利物浦，举办一系列摇滚演出。

John Lennon

1960

P64　列侬、保罗·麦卡特尼以及罗里·斯托姆（Rory Storm）在利物浦某处的合影。林戈·斯塔尔很快就会退出斯托姆的乐队，成为披头士乐队的鼓手。

P65　列侬正在弹奏他的 '58 瑞肯贝克 325 吉他。这把吉他是他 1960 年在德国买下的。后来，他把这把吉他漆成了黑色，并用它录制了许多披头士乐队的早期歌曲。

披头士乐队在利物浦的洞穴俱乐部演出，皮特·贝斯特为他们打鼓。披头士乐队在马修大街的俱乐部里举行了 292 场演出。那是他们被布莱恩·爱泼斯坦"发现"的地方，他们在那里举行了歌迷见面会，披头士狂热的早期迹象初显。

1960

P68—P69　明星俱乐部（Star-Club）是披头士乐队在汉堡演出的所有俱乐部中最大的一个俱乐部。正是在这里，伯特·凯普弗尔特关注到了他们，并与他们签下了一张唱片。参与这张唱片录制的是明星俱乐部的另一位常客托尼·谢里丹。这张唱片最终使得布莱恩·爱泼斯坦成为披头士乐队的经纪人，也为乐队赢得了百代唱片子公司帕洛风的唱片合约。

P70—P71　披头士乐队正在于英国某处举行的音乐会的后台做准备。他们在音乐生涯早期穿的无领夹克和拖把头，成了他们的标志。虽然无领夹克很快就落伍了，但当时在很长一段时间里被称为"披头士发型"的发型，成为未来数年的男性时尚发型。

"我从来未有见过这样的场面，也没有听到任何声音像观众当披头士上台时发出的接连不断、疯狂不已、歇斯底里的尖叫声那样……没有人能坐着不动。他们互相拥抱欢呼，把娃娃状的胶质软糖向舞台扔去，甚至砸到了披头士的眉头。英国的第二城市（伯明翰）的年轻人完全向披头士乐队投降了。"

——德里克·泰勒（Derek Taylor）

披头士的演唱会很容易变成一场骚乱。当他们成为全国明星之后，他们有时会出于安全考虑而被迫取消演唱会。

在汉堡的时候，列侬和乔治·
哈里森共同创作了器乐作品
《为了一个幽灵而哭泣》。
这是他们第一次也是最后一
次创作歌曲。

1962

列侬的朋友阿斯特丽德·科尔什赫为他在汉堡拍摄的照片。披头士乐队早期的视觉形象是由科尔什赫打造的，这些风格迥异、充满情绪氛围的照片后来成为乐队既定的形象风格。

约翰·列侬
JOHN LENNON

阿斯特丽德·科尔什赫对列侬的形
象塑造受到披头士的赞赏，他们坚
持罗伯特·弗里曼为他们的第二张
英国发行的密纹唱片《与披头士同
行》（*With The Beatles*）拍摄的
封面照片也采用同样的戏剧性的灯
光效果。

1963

在斯德哥尔摩演出前，披头士乐队得到了充分的休息，并且练习了
一些新歌。乐队的巡演日程安排如此繁忙，以至于他们的许多早期
作品都是在巴士或酒店房间里写的。

林戈·斯塔尔和约翰·列侬在斯
德哥尔摩机场享受一杯咖啡和片
刻的宁静，然后他们就要回到英
国，等待他们的又是喧嚣与混乱。

约翰·列侬
JOHN LENNON

1963

乔治·哈里森和约翰·列侬在披头士乐队上瑞典电视节目《即兴访谈》（Drop In）表演前的轻松一刻。他们表演了最新单曲《她爱你》《扭摆和呐喊》（Twist And Shout）和《我看到她站在那里》（I Saw Her Standing There）。

1963 年 11 月，披头士乐队在英国皇家汇演中表演。列侬在那里发表了他的著名言论："位于平价席位上的观众是真心鼓掌的。而其余的那些人，坐在前排只不过是为了显摆他们耀眼的首饰。"

1963

披头士乐队在英国电视上表演了他们首支在英国打榜的单曲《爱我吧》。这首歌由约翰·列侬和保罗·麦卡特尼共同创作，它也将成为披头士在美国的第五支冠军单曲。

1964

披头士乐队所到之处，都围堵了尖叫的歌迷。1964 年，
他们抵达阿德莱德站，约 35 万名粉丝迎接了他们。这
是他们收到的规模最大的接待之一。

1964

P96—P99 虽然流行歌星不应该有妻子或女朋友，但列侬显然已经厌倦了假装自己没有结婚。当披头士飞往纽约参加埃德·苏利文秀时，他带着妻子辛西娅一同前往。当时只有很少人能够负担得起飞行的费用，所以这对他们来说是一场巨大的冒险，但是他们决定好好享受这次旅行。

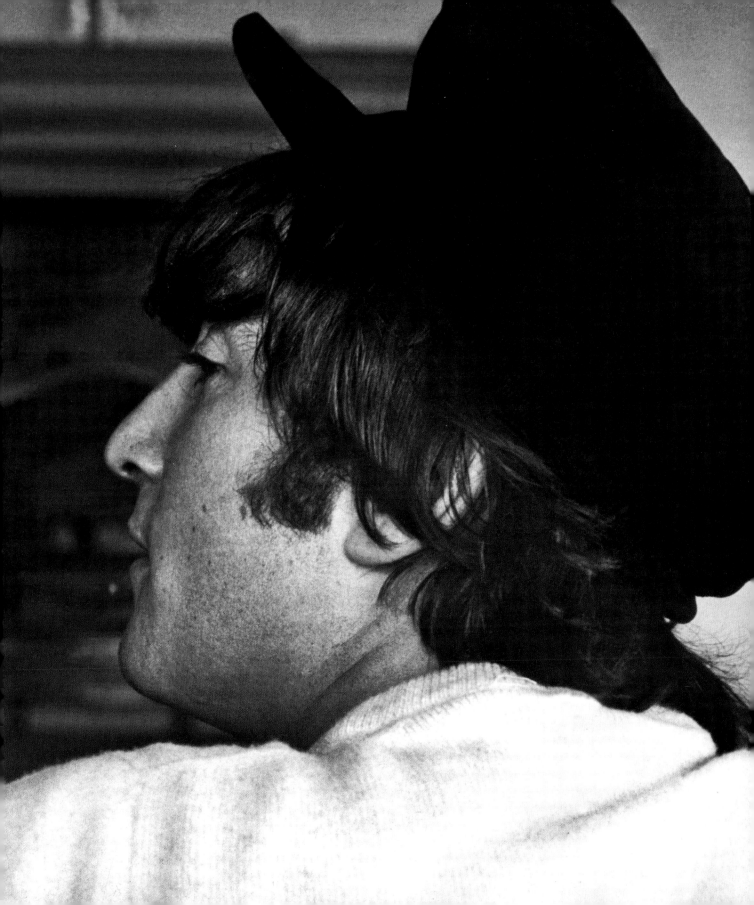

1964 年 2 月 7 日，披头士乐队抵达纽约肯尼迪机场时，又掀起了一场披头士狂热。6 天前，他们已经以《我想握住你的手》一曲荣登美国流行音乐排行榜榜首。约有 7300 万名电视观众收看了他们在埃德·苏利文秀上的表演，这大概占了当时美国人口的 40%。说"披头士来了"，已经算是比较轻描淡写的说法了。

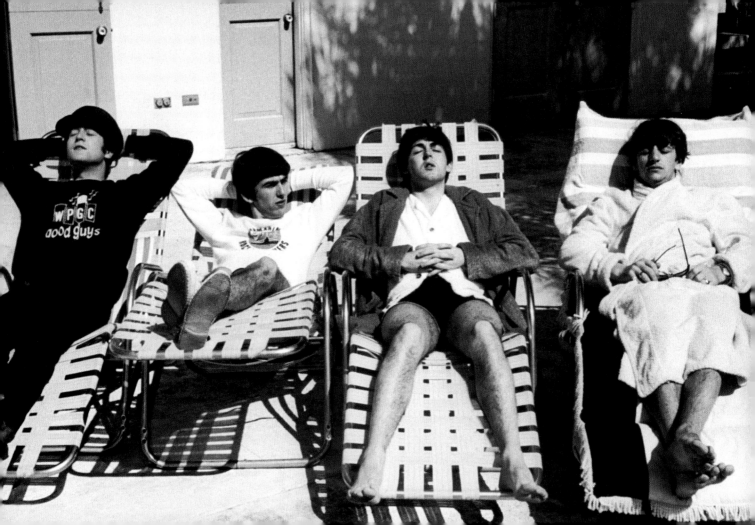

在迈阿密的泳池边，列侬用毛巾包着头以保护他标志性的拖把发型。他的右手拿着另一件披头士必备的时尚单品——一双切尔西靴子，人们更习惯称之为"披头士靴子"。

他们此时本该处于放松的状态，但
披头士乐队仍然被要求在镜头下表
演。《生活》（*Life*）杂志抓拍了披
头士在泳池里尽情玩闹的经典照片。

1964

P106—P109 从发型到时髦的穿着再到后来的嬉皮士风尚,
披头士成为 20 世纪 60 年代时尚的代表风范,影响了同时
代以及后代追随者的形象和风格。

George Harrison   Ringo Starr

A hard day s night

P111—P113　列侬和麦卡特尼在电影《一夜狂欢》拍摄片场的休息间隙。麦卡特尼在钢琴上创作另一首流行经典时，列侬正在潜心阅读杂志。《一夜狂欢》由理查德·莱斯特执导，它展现了在披头士狂热的巅峰时期，四人一天的生活，它获得了两项奥斯卡奖提名。

P114　列侬是披头士乐队中最睿智的一位成员，他经常用最朴实的语言来讨论严肃的话题。他有时也比较粗暴，用他的机智来嘲讽那些在他眼里愚蠢的人。

P115　列侬认为，他创建的乐队是世界上最好的乐队。正是这种信念，支撑着披头士乐队度过了每一个顺境和逆境。

P116—P117　"我一直是一个叛逆者……但另一方面，我也想被爱、被社会接受……而不仅仅是被看作大嘴巴、疯子、诗人、音乐家。但我无法成为我不是的那种人。"约翰·列侬如是说。

P118　《一夜狂欢》中的列侬是一个无忧无虑的人，但实际上他深感不安。"那些洞悉一切的自负的摇滚英雄实际上是一群在面对恐惧时不知如何哭泣的人。"他说。

P119　从一开始，列侬和麦卡特尼就乐意分享创作歌曲所带来的荣誉，即使是单独创作的歌曲。他们成为 20 世纪最成功的音乐创作伙伴之一。

P120　除了与麦卡特尼一起为披头士乐队的第三张英国畅
销专辑《一夜狂欢》创作的 14 首歌曲，列侬还出版了他的
第一本书《他的亲笔》，该书好评如潮。

P121　由于写作，列侬被认为是披头士中的智者。他一生
出版了两本书，并与维克多•斯皮内蒂（Victor Spinetti）
共同创作了一部根据他两本书改编的舞台剧。

列侬和女演员安娜·奎尔（Anna Quayle）在《一夜狂欢》的一个场景中。林戈·斯塔尔的表演受到了赞誉，但列侬的表演也毫不逊色，这充分展现了他在演绎角色方面的才华。

约翰·列侬

尽管列侬仍在享受他的名声和荣誉，
但他很快就厌倦了被外界持续关注。
"我们被人贴上了标签。例如约翰
聪明而幽默，保罗打扮古怪，乔治
沉默而坚强，而林戈只是林戈。"

披头士在电影《一夜狂欢》中的经典镜头。影片于伦敦拍摄，当时剧组面临的最大问题是如何比粉丝领先一步，那些粉丝似乎本能地知道在哪里可以找到他们的英雄。

约翰·列侬

JOHN LENNON

P128　尽管列侬拥有他那一代最好的摇滚嗓音，但他对自己的声音充满了自我怀疑，并始终坚持让披头士乐队的制作人乔治·马丁用特殊音效和双音轨来修饰自己的声音。在演唱会上，他的魅力是不可否认的，这会使受人尊敬的音乐搭档保罗·麦卡特尼稍显逊色。

P130—P131　列侬喜欢作为一个摇滚音乐家给他带来的自由。但他很快就发现了这种自由的局限性，比如要面对无休止的新闻发布会以及记者提出的乏味而空洞的问题。

1965

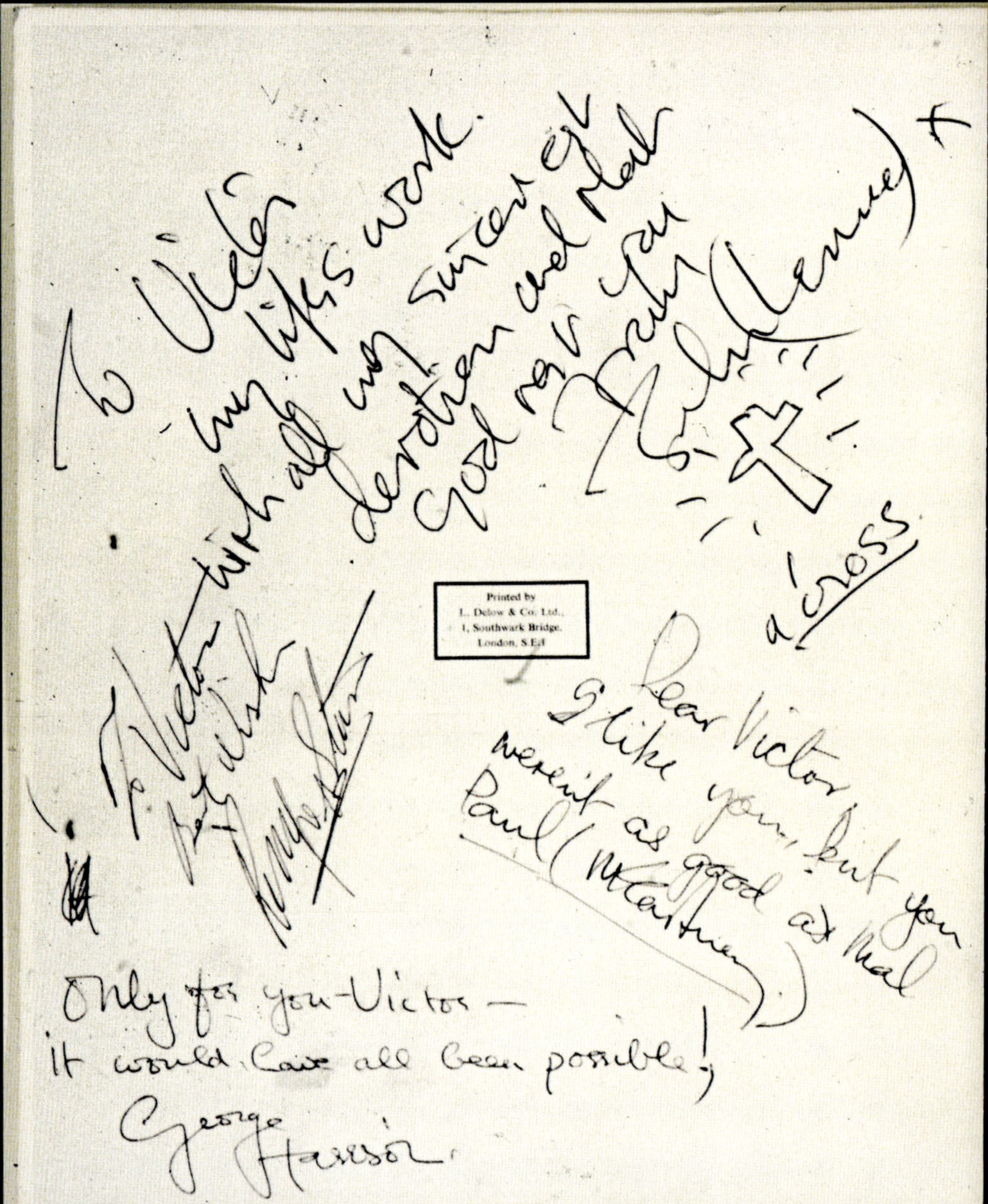

To Victor
my life's work.
turn all my sincere &
devotion and that
God may give you
Faith
John (Lennon) x

a cross

To Victor
best wishes
Ringo Starr

Dear Victor
I like yours, but you
weren't as good as Mal
Paul (McCartney)

Only for you Victor —
it would have all been possible;
George
Harrison.

Printed by
L. Delow & Co. Ltd.,
1, Southwark Bridge,
London, S.E.1

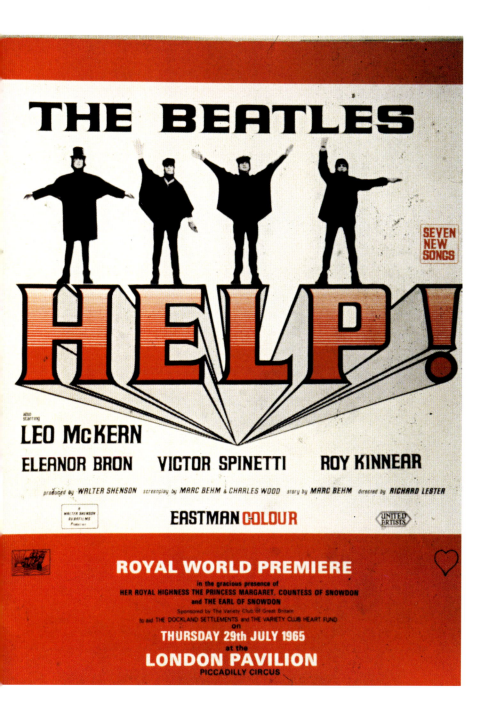

P132—P133　披头士乐队的第二部剧情长片《救命！》也是理查德·莱斯特执导的，其票房同样火爆。然而，列侬并不那么喜欢这部电影，这也许是因为在拍摄的大部分时间他们都不知道现场发生了什么。

P134—P145　林戈·斯塔尔和约翰·列侬在《救命！》的拍摄场景中。列侬已经开始对披头士乐队的发展不再抱有幻想，很快就四处寻求个人的发展计划。

约翰·列侬
JOHN LENNON

在辛苦的工作中披头士乐队发挥了惊人的创造力。两年之后，他们终于可以享受成功的荣誉了。约翰带着辛西娅去圣莫里茨滑雪度假，但发现滑雪比吉他更难掌控。

在披头士创作《救命！》的时候，他们沉迷于药物。其结果是，他们很多时候都像傻笑的女孩子一样笑着停不下来。"那时我们就像躺在锅里，所有人都斜斜歪歪地躺在剪辑室的地板上。"

列侬和斯塔尔在电影《救命！》的
布景前。成为披头士的压力已经开
始倾向他们。列侬称这是他"肥胖
的猫王时期"，而斯塔尔在拍摄时
紧张不安。

1966

1966 年，列侬和英国喜剧演员彼得 • 库克（Peter Cook）
在 BBC 电视节目《不仅是……》（*Not only…*）中的合影。
列侬第一次上这个节目是在 1964 年，他在节目中朗读了他
的书《他的亲笔》中的摘录。

P144　从西班牙前往巴黎拍摄电影《我如何赢得战争》的列侬。两周前，1966 年 8 月 29 日，披头士乐队最后一次在旧金山为付费观众进行了表演。

P145　列侬在电影《我如何赢得战争》中独自扮演一个角色，一年后，他和其他披头士一起拍摄电影《魔法奇妙旅》。这张照片拍摄于 1967 年 9 月，加拿大德文岛。

How I won the war

1966

在电影《我如何赢得战争》中，列侬饰演火枪手格里普韦德一角。他剪短了头发，戴上圆框眼镜，后来这种风格的眼镜成为他的个人标志。

《我如何赢得战争》是列侬第一次严肃的反战声明，并为他后来的和平抗议运动指明了道路。在西班牙拍摄期间，他写了一首迷幻风格的杰作——《永远的草莓地》。

1966

P150—P151　《我如何赢得战争》也在德国北部取景。与西班牙不同，这里既寒冷又潮湿。由于拍摄间隙几乎没有什么可做的，列侬很快就厌倦了等待下一场戏的过程。

P152—P153　巡演已经成为披头士乐队身心都想逃离的战场。1966 年的世界巡演是压死骆驼的最后一根稻草。他们再也不会有巡演了。

1966

1966 年 6 月，披头士乐队在日本东京的武道馆大厅演出，引发了广泛的争议。许多日本人认为披头士在此表演亵渎了武道馆大厅的神圣。为了确保他们的安全，据报道，有35000 名警察被动员去保护他们。

1966

在访问日本前，披头士乐队回到德国慕尼黑、埃森和他们的阵地汉堡举办演唱会。他们对媒体已经越来越不耐烦，随着世界巡演的推进，他们的耐心也被推到了极限。

去美国巡演时，列侬需要做的不仅仅是祈祷。在一家英国
报纸上发表的他的关于披头士比耶稣更受欢迎的言论，在
美国一家青少年杂志上被断章取义地摘取出来，引起了轩
然大波。

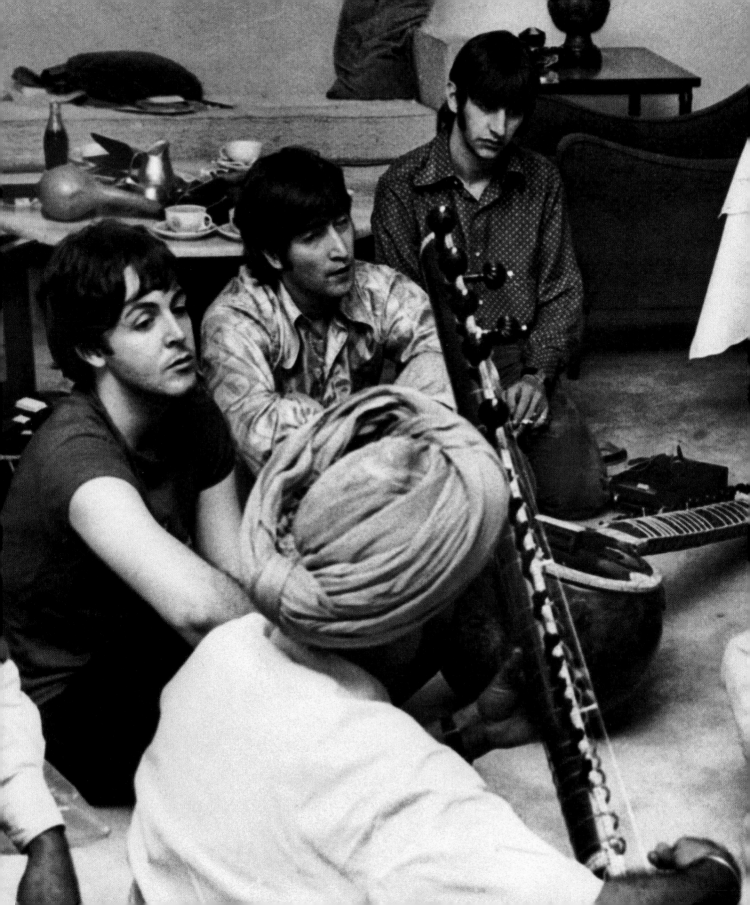

1966

在乔治·哈里森的感染下，披头士对与印度有关的一切事物产生了兴趣。他们 1966 年的专辑《左轮手枪》（*Revolver*）有很强烈的印度音乐风格，很快，披头士就要向心灵导师玛赫西·优济寻求精神指导了。

1967

1967 年 6 月 25 日，披头士乐队和制作人乔治·马丁一起在伦敦艾比路的百代唱片工作室里排练《你所需要的只是爱》，这首歌是他们的专辑《我们的世界》里的曲目。《我们的世界》约有 5 亿潜在观众，这是第一个全球性的电视转播。

There's nothing you can do that can't be done
and nothing you can sing that can't be sung
nothing you can say but you can learn how to
play the game — and it's easy.

There's nothing you can make that can't be made
no one you can save that can't be saved
nothing you can do but you can learn to
be you in time — it's easy

There's nothing you can know that isn't known
+ nothing you can see that isn't shown
there's nowhere you can be that is not where
you're meant to be — it's easy.

《你所需要的只是爱》列侬的手写歌词。这首歌与专辑《佩珀军士的孤独之心俱乐部乐队》一起作为"爱之夏"嬉皮士运动的配乐，这也是列侬宣扬以个人抗议来促进和平变革理念的第一首歌。

披头士乐队竭尽全力地在这个饱受战争和饥饿蹂躏的世界促进爱、和平和包容。列侬为"爱与和平"创作的圣歌在大西洋两岸的排行榜上名列前茅。

1967

1967 年一整年，披头士乐队仍然忙得不可开交。除了录制他们的专辑《佩珀军士的孤独之心俱乐部乐队》以及单曲《你所需要的只是爱》，他们开始拍摄来自麦卡特尼灵感的电影《魔法奇妙旅》。

1967

Magical Mystery Tour

1967 年 7 月，披头士乐队一起去希腊度假。他们雇了一艘船在希腊群岛间航行，他们的想法是，买下一座小岛，作为逃离英国公众的狂热的躲避之地。但这个想法没有实现，他们非但没有买下一座小岛，反而还把钱投进了苹果唱片公司。

约翰·列侬
JOHN LENNON

在英国西部某地拍摄《魔法奇妙旅》的列侬。披头士乐队雇了一辆巴士，车上坐满了群众演员。他们有一个模糊的想法：当他们穿越英国时，能创作出一个出色的剧本。但这个想法最终并没有实现。

列侬在《魔法奇妙旅》的拍摄间隙。列侬对这个项目的主要
贡献是创作了一首迷幻风格的歌曲《我是海象》（*I Am The
Walrus*）。后来这首歌被 BBC 禁播，因为里面含有一些敏
感歌词。

约翰·列侬
JOHN LENNON

"我们这一代人都坐在一艘发现新世界的船上，在 20 世纪 60 年代的海上航行。披头士乐队则是在那艘船上的鸡窝里……"

——约翰·列侬

在专辑《佩珀军士的孤独之心俱乐部乐队》的发布会上，披头士们在镜头前说笑。这张专辑一定程度上是对海滩男孩（The Beach Boy）温柔唱腔的回应，并帮助披头士乐队开创了一个新的摇滚黄金时代。

175

1969

保罗·麦卡特尼、林戈·斯塔尔和约
翰·列侬正在排练他们在动画长片
《黄色潜水艇》中出演的一个片段。

1970

披头士乐队解散的前兆。该做的他们都已经做了。1968 年年末斯塔尔要离开乐队，但被劝回了。1969 年年初，哈里森重蹈斯塔尔的覆辙。到 1969 年年底，披头士乐队终于到了不可挽回的局面。

约翰·列侬
JOHN LENNON

1969 年 1 月 30 日，披头士在伦敦萨维尔街总部的屋顶上举行了最后一场公演。虽然他们即将解散，但当玩起音乐时，还是会有一些珍贵的东西让他们面露笑容。

遇见洋子，批判社会与精神独立

MEETING YOKO, SOCIAL PROTEST AND INDEPENDENCE

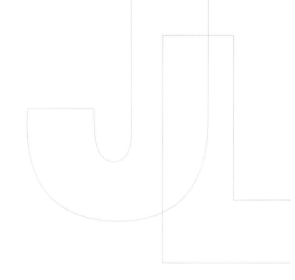

遇见洋子，批判社会与精神独立

1966 年夏天，约翰·列侬在寻找一些东西，但他不确切知道那是什么。那年 11 月，他在伦敦的因迪卡画廊与小野洋子相遇。小野比列侬年长 7 岁，出生在东京一个富有的家庭，家里鼓励她尽情发挥个人创造力——这在当时的日本社会是罕见的。和家人搬到纽约后，她在莎拉·劳伦斯学院（Sarah Lawrence College）学习钢琴和歌剧，然后加入前卫艺术家团体激浪派（Fluxus）。这个兼收并蓄的艺术家和音乐家团体，热衷于创作能唤起一种不断变化的感觉的艺术作品。

小野洋子喜欢与艺术家、音乐家和作家交往，因为他们代表着此前她一直被剥夺的自由。激浪派艺术家团体对她产生了相当大的影响，后来她还鼓励列侬将这个艺术家团体的许多理念融入他自己的音乐和艺术中。

小野洋子开始创作一些有关诗歌、表演和哲学反思的艺术作品。当她搬进自己的公寓时，她就把公寓打造成一个另类的艺术空间。在那里她表演了"事件剧"（happenings）并举行了先锋音乐会。她和具有影响力的作曲家约翰·凯奇（John Cage）成了好友，并且与她的第一任丈夫一柳慧（Toshi Ichiyanagi）结婚。他们于 1962 年离婚，同年 11 月，小野洋子嫁给音乐家兼电影制作人托尼·考克斯（Tony Cox），他们有一个女儿叫恭子（Kyoko）。这段婚姻也没有持续下去，但他们直到 1969 年才离婚。

1966 年，为了参加和筹备下半年在因迪卡画廊举办的展览"未完成的碎片"（unfinished pieces），小野洋子搬到了伦敦。受画廊老板约翰·邓巴（John Dunbar）的邀请，洋子参加了画廊的一个私人会晤，洋子在那里与列侬相遇。小野洋子的艺术作品给列侬留下了深刻的印象，特别是她的天花板绘画作品《是的》（*Yes Painting*）。

虽然他们自第一次见面就互有好感，但几个月后他们才真正走到一起。在他们第一次相遇后不久，洋子就开始以明信片或说明书的形式给列侬送去一些她的作品样本。这些样品引起了列侬的兴趣，很快他就成了洋子在 1967 年 10 月举办的"半阵风展览"（Half Wind）的发起人和赞助人。起初，列侬还有点犹豫不决，不知道应不应该接触洋子那由黑色包袋与玻璃盒子组成的世界。那时候他还没和辛西娅离婚，也不确定自己对洋子的感情。慢慢地，列侬和小野洋子走到了一起。1968 年 5 月，当他的妻子去度假时，列侬终于邀请洋子到他家里。

那天晚上，他们创作了一个声音拼贴作品，后来成了他们的第一张唱片——未完成的音乐第一号:《两个处子》。那年 6 月，小野洋子开始参与披头士的音乐录制，甚至在他们的唱片里献唱。列侬和洋子很快就成为媒体关注的名人。他们形影不离，即使在拍摄时也很少分开。好像不可能有他们不在一起出现的场面，甚至他们变成了一体的"约翰和洋子"。

洋子是列侬生命中缺少的那种聪明颖慧、能给他带来灵感的女性。她充当了母亲的角色，也成了他的搭档，并且鼓励他树立远大的目标，而不仅仅是把歌曲创作当作主要的创作出口。通常的做法是，投身于前卫艺术场景，而他之前对此不屑一顾。小野洋子在艺术和音乐上对他的影响是显而易见的。他们认为他们所做的一切都是艺术。他们不断录制音乐和拍摄电影，一年的时间里就发行了 4 张专辑和 4 部先锋电影。

小野洋子对列侬的政治倾向也产生了重大影响。1968 年是伦敦、巴黎和华盛顿动乱的一年。披头士乐队已经公开反对越南战争、种族主义和种族隔离。列侬对社会正义和世界和平的愿望在他 1967 年的作品《你所需要的只是爱》中流露出来，而洋子在他身边，他变得更加袒露了。他们一起为和平而战，并表演了一系列机智幽默的激浪派行为艺术。后来列侬参与了"床上和平运动"（Bed-ins）、各种"事件剧"以及"口袋主义"（Bagism）的表演，引起了那些仍旧迷恋列侬刻薄的拖把头的民众的反感，他们产生了困惑甚至变得愤怒。

1969 年 3 月 20 日，当这对夫妇在直布罗陀结婚时，他们决定利用列侬的名气向世界传递积极的信息。随着越南战争越发激烈，约翰和洋子开始了一场以促进世界和平为目标的多媒体运动。他们决定在床上度蜜月，并邀请世界各地的媒体加入他们。3 月 25 日，他们搬进了阿姆斯特丹的希尔顿酒店，举行了第一次"床上和平运动"。他们接受了数百个小时的采访，并表达了他们对越南战争和和平进程的看法。"床上和平运动"被拍摄和录制下来，并巧妙地成为这对夫妇的《婚礼专辑》（Wedding Album）的一部分。

"床上和平运动"引起了媒体的广泛报道，但他们的行为并没有受到普遍好评，许多人认为他们的抗议行为很轻浮。这并没有阻止他们于 5 月在蒙特利尔的伊丽莎白皇后酒店举行第二次"床上和平运动"。在活动中，列侬发现自己不断重复着"给和平一个机会"这句话。于是他把这句话改写成一首歌，在他的酒店房间里录制下来，并以塑料小野乐队的名义发布。《给和平一个机会》（Give Peace A Chance）很快成为反战运动的圣歌，经常在和平抗议中传唱。

列侬以塑料小野乐队的名义发布这首歌不仅仅是为了脱离披头士乐队，还是一个团结人民的行动。乐队只是一个概念——任何人都可以成为乐队的成员。列侬和洋子希望他们的听众能参与到创造性的进程中，他们认为这将带来积极的社会变革。他们的"未完成的音乐"（unfinished music）系列专辑，以及他们通过歌曲传达的信息，旨在鼓励其他人模仿和提高自己的信念。

《即时报应》（我们都在闪耀）[Instant Karma (We All Shine On)]，在一天之内就完成了创作和录制，这首歌进一步阐释了人们的内在本身具有伟大的潜力。但他也强调，个人应对自己的行为和命运负责。这首单曲发行后的几个月里，列侬越来越积极地参与反传统的政治活动。他捐款给慈善事业，谈论激进的政治主张，并参加了公众的抗议活动。1970 年秋天，列侬录制了一张极具个性的个人专辑。《工人阶级英雄》（Working Class Hero）是专辑《约翰·列侬／塑料小野乐队》的主打歌。这是一首为工人而作的歌，它主张采取积极行动，但它也承认在争取社会正义的斗争中所面临的个人限制。这张专辑以"梦做完了"的宣告作为结束。而他的下一张专辑《想象》以一个新的梦想开篇。

列侬最出名的歌曲《想象》的创作灵感来自小野洋子。这首歌是列侬为全球人文主义创作的圣歌，歌词借用于洋子 1964 年首次出版的书《葡萄柚》（Grapefruit）。他相信人们有能力改变世界。《想象》鼓励人们独立思考，每个人都是世界上的公民，而不是由宗教、财产或国家定义的个体。像小野洋子的许多作品一样，《想象》宣扬提高自我意识，强调自我创造。列侬和小野洋子认为，这可以带来一场有利于全人类的和平革命。《想象》是列侬最伟大的一次声明，它提供了一个充满可能性的世界，是他宣扬"个体反抗可以带来积极的社会变革"信念的高潮。这首歌也成了最能代表他个人的歌。

《想象》大部分是列侬在英国阿斯科特的家中录制的。8 月 31 日，列侬和洋子搬到纽约定居，这张专辑也在纽约最终完成。他们刚到纽约，就和青年国际党（易比派）的社会活动家和联合创始人杰里·鲁宾联系上了。列侬喜欢易比派将政治主张和戏剧性结合起来的激进作风，并开始计划一次美国巡演，以促进政治激进主义。

这是列侬参加政治活动的高潮时期。他参加了一些慈善音乐会，联合主持了迈克·道格拉斯秀 (The Mike Douglas Show)——在展览上他向激进者介绍了中美洲——并录制了迄今他最具政治倾向的专辑《在纽约的时光》。这张专辑讲述了爱尔兰民族主义、种族主义和女权主义等不同的主题，列侬是第一位也可能是唯一一位谈论女权主义的男性摇滚歌手。然而，他的激进主义促使他与尼克松政府产生了冲突，后者试图将他驱逐出美国。

列侬争取留在美国的斗争缓和了他的激进主义。他远离了激进的左派和虚伪的政治家。1973 年 4 月 1 日，他宣布成立一个新的概念国家"努托帮"（Nutopia），这个被认为不敬的举动激起了人们的愤怒。它的旗帜是一个简单的白色矩形，但这并不意味着他投降了。他的下一张专辑《心灵游戏》也延续了他提出的"想象"的思想，并赋予其更深层次的精神含义。然而，他对社会正义的追求几乎走到了尽头。他随后的专辑不仅缺乏个性，而且也减少了政治倾向。虽然列侬的政治倾向不再那么公开，但他从未放弃自己的理想。他的最后一张专辑《双重幻想》表达了一个观念：同一个世界，同一个人。

小野洋子一直在列侬身边，他抱着对绝对和谐和社会正义的渴望投入工作。列侬创作的歌曲，其灵感不是来自洋子的艺术和思想，就是来自她的爱。他的专辑里有很多献给妻子的歌。直到生命的尽头，他仍然从洋子那里汲取灵感。他们的最后一张专辑《双重幻想》可以看作是一段对话，他们表达了对彼此的爱。

毫无疑问，如果没有小野洋子，列侬就不会参加那些不受欢迎的、有争议的抗议活动，他也不会写出那些让人深爱、发自内心的歌。洋子在列侬的作品中留下了不可磨灭的印记。她的确是列侬的"天空的另一半"，让列侬的生命变得完整。

约翰·列侬
JOHN LENNON

P184—P193 "在我和洋子相遇之前，我们都只有一半的生命。你知道有一个古老的神话是这样说的：我们都是一半的人，另一半或者在天空，或者在宇宙，或者在世界另一侧的某处。两个一半的人相遇了，就组成一个整体。"

P194—P195 约翰和洋子都是梦想家，他们幻想着一个更美丽、更和平的世界。他们的思想影响了整整一代人以及后来的追随者，鼓励他们质疑传统社会并摆脱它。

除了参与披头士乐队的音乐录制，洋子还在《班哥洛·比尔的后续故事》中献唱。在两年的时间里，她和列侬一起录制了 3 张"未完成的音乐"专辑，并录制了一张现场专辑。他们还共同分享了一些热门单曲的 A 面和 B 面。

Apple Records, 🍎 in association with Tetragrammaton Records. ⊗ T-5001   May 1968. Made in Merrie England.

P198　约翰和洋子的首张专辑的封面。封面是一张他们的裸照，有些人对此很反感。列侬认为这是一件艺术作品，但他的一些乐队成员也认为他过于露骨了。

P199　1968 年 11 月，列侬和小野洋子发行了他们的第一张专辑《两个处子》。这张专辑是在列侬的家庭录音室里录制的。这是一个即兴创作的先锋拼贴音乐作品，但是销量不太好。专辑封面上有一张这对幸福夫妇的裸照，导致争议的声音更大。

列侬和洋子认为它是一件艺术品，但保守人士，特别是美国的保守人士，有另外的看法。因此，这张专辑的美国版带有一层棕色的包装纸。

P200—P201 列侬说："一般来说，每个傻瓜背后都有一个伟大的女性。" 洋子是那个伟大的女性。他可能在生活中也受到了其他女性的启发，但洋子给了他勇气，让他脱离披头士乐队，成为一名独立艺术家。

1968

P203—P205　1968 年 12 月，约翰和洋子出现在滚石乐队的电影《摇滚马戏团》中。这部电影很可能受到披头士乐队的电影《魔法奇妙旅》的影响。列侬为最近发行的《白色专辑》中的《也门里亚尔蓝调》（*Yer Blues*）拍摄了录像。洋子和小提琴家伊夫里·吉特利斯（Ivry Gitlis）一起做了即兴表演。

P206—P207 "在这两年里，我们没有分开过一小时。我们做任何事情都在一起。这就是我们的力量。"

P208—P209 列侬很多伟大的歌曲都是在小野洋子直接或间接的影响下创作的。《想象》的灵感主要来自洋子的艺术作品样本，这对夫妇还一起创作了一些歌曲，包括《哦，我的爱》（Oh My Love）和《圣诞快乐（战争结束了）》[Happy Xmas (War Is Over)]。

1968

约翰和洋子坚持这样的一种信念，即以个人名义发起的抗议活动可以带来全球性的和平变革，并发起了运动。"如果你自己做梦，梦只是梦；而我们一起做梦，梦就能变成现实。"洋子说。

1969

约翰·列侬
JOHN LENNON

到 1969 年，约翰和洋子已经变得形影不离。他们一起创作艺术品、写歌、拍电影、办展，并开展了促进和平的多媒体运动。

約翰·列侬
JOHN LENNON

1969 年，列侬花在促进世界和平运动上的时间比花在披头士乐队上的还要多。他是第一个利用自己的名声来抗议越南战争的名人，并写了一首和平圣歌《给和平一个机会》。

The marriage register shown here records:

Page 156

1969. Marriage contracted at the Registrar's Office in the City of Gibraltar.

No.	When Married	Name and Surname	Age.	Condition	Rank or Profession	Residence at the time of Marriage	Father's Name and Surname	Rank or Profession of Father
308	Twentieth March, 1969.	John Winston Lennon	28	Previous marriage dissolved	Musician Composer	Kenwood, Cavendish Drive, Weybridge, Surrey	Alfred Lennon	Seaman (retired)
		Yoko Ono Cox	36	Previous marriage dissolved	Artist	25, Hanover Gate Mansion, London N.W.1.	Eisuke Ono	Banker (retired)

Married in the Registrar's Office, by Governor's Special Licence, before me: Marriage Registrar

This Marriage was Contracted between us, John Winston Lennon / Yoko Ono Cox in the presence of us, Peter Brown / D. Nutter

1969. Marriage contracted at the Registrar's Office in the City of Gibraltar.

No.	When Married	Name and Surname	Age.	Condition	Rank or Profession	Residence at the time of Marriage	Father's Name and Surname	Rank or Profession of Father
309	Twentieth March 1969	James Felix Grech	37	Bachelor	Station Officer Civil Aviation	49, Kingsway House, Gibraltar	Joseph Grech	Accountant (retired)
		Antonia Gonzalez	23	Spinster	Counter Clerk	7/3, Johnstone's Passage, Gibraltar	George Augustus Gonzalez	Accountant

Married in the Registrar's Office, after publication of notice, before me: Marriage Registrar

This Marriage was contracted between us, Antonia Gonzalez in the presence of us, Lita Diaz / Geo. A. Gonzalez.

1969

1969 年 3 月 20 日，在麦卡特尼与琳达·伊斯特曼在伦敦结婚后的第 8 天，列侬与小野洋子在直布罗陀结婚。列侬写了《约翰和洋子的情歌》（*The Ballad Of John And Yoko*）来庆祝他们的婚姻以及感谢促使他们走到一起的种种机缘。这是披头士第 17 首也是最后一首英国冠军单曲。

1969

在直布罗陀结婚 6 天后，约翰和洋子搬进了阿姆斯特丹的希尔顿酒店的总统套房，发起促进世界和平的活动。这对夫妇在床上待了 7 天，在床上接受了媒体的采访，并录制了他们长期录制的唱片《结婚专辑》的一部分。

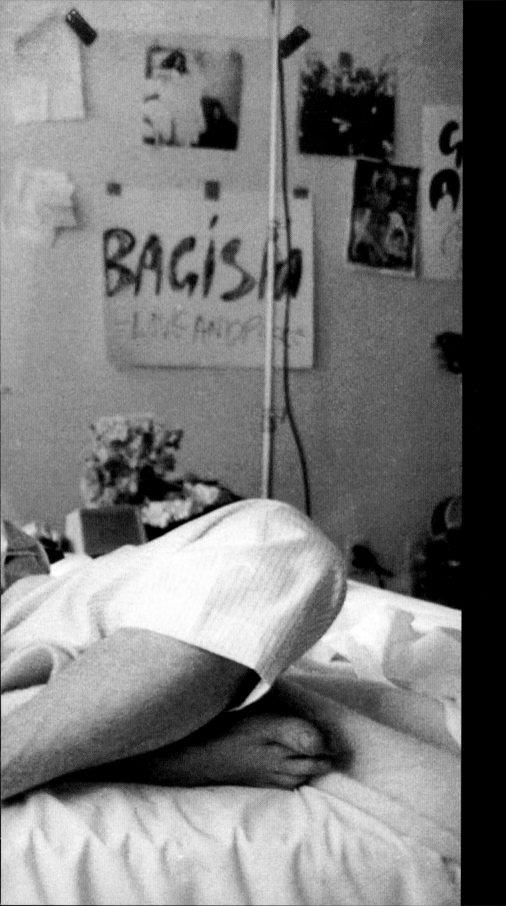

1969 年 5 月 26 日至 6 月 1 日，列侬和洋子在加拿大蒙特利尔的伊丽莎白皇后酒店举行了他们的第二次"床上和平运动"。在这次活动期间，列侬创作并录制了专辑《给和平一个机会》。

Everybodies talking bout

Bagism
Shagism
Dragism
Madism
Ragism
Tagism
This-ism
That-ism

Ministers
Sinisters
bannisters
Cannisters
Bishop +
Fishops
Rubber
Popeyes
Bye Byes.

revolution
evolution
masturbation
flagellation
regulations
integration
meditations
United Nations
Congratulations

John + Yoko
Timmy Leary
Tommy Smothers
Bobby Dylan
Tommy Cooper
Derek Taylor
Norman Mailer
Alen Ginsberg
Hare Krishna
Hare Krishna

All we are saying is give peace a chance.

Bagism
Shagism
Flagism
Dragism
Madism Shagism
This-ism Tagism
Madism Ragism
rag-this-ism
That ism.

ministers
Sinisters
bannisters
canisters
Bishops and
Fishops
Rabbis
Ministers
+ Popeyes

revolution
evolution
masturbation
United Nation
Flagellation
regulation
integration
meditation

congratulation

All we are saying is give peace a chance

"给和平一个机会"，列侬已厌倦了重复说这句话，于是他用它创作了一首圣歌。列侬在蒙特利尔"床上和平运动"的最后一晚，完成了《给和平一个机会》的录制。

约翰·列侬
JOHN LENNON

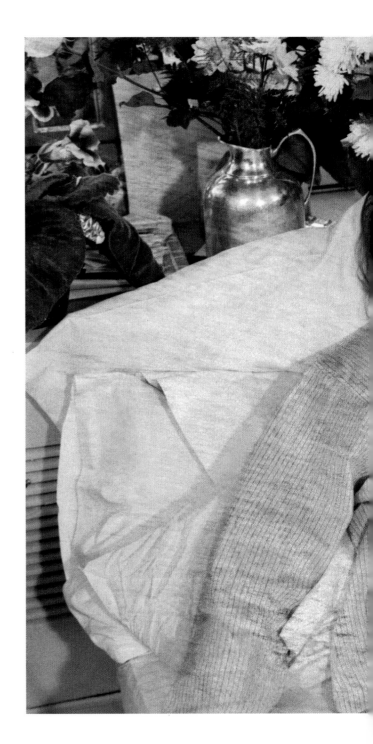

1969 年，约翰和洋子活成了艺术品。他们所做的一切，无论是做音乐还是卧在床上，都成了一种艺术的表达。他们勇敢地在公众面前打造一个私人空间，通过这个艺术活动，他们向世界展示了他们和其他人一样脆弱。

1969 年 4 月，列侬和小野洋子参加了蒙特勒金玫瑰电影节，他们的电影《强奸》（*Rape*）在电影节上首映。列侬夫妇一起创作了几部电影，这些电影都是利用有限的资金制作的先锋或地下电影。

1969

1969 年，列侬和小野洋子向世界各国领导人发送了一个"爱与和平包裹"，包裹里面有橡实和一封私人信件。橡实象征着和平以及东西方融合。

230

1969

1969 年，列侬夫妇将小野洋子早期的艺术作品发展为观念艺术的"口袋主义"，这是一种纯粹的沟通方式。那年4 月，他们参加英国的一个谈话节目，向困惑的公众解释了这个想法。

约翰·列侬

JOHN LENNON

列侬、洋子以及洋子和她的第二任丈夫托尼·考克斯生的女儿恭子在伦敦希思罗机场。考克斯后来带着恭子消失了。1971年，列侬夫妇搬到了纽约，部分原因是他们想争取小野洋子的女儿监护权。

列侬和小野洋子在他们位于披头士乐队伦敦总部的办公室里留影。列侬把这个办公室作为接受采访、宣传唱片和音乐会、主持和平运动的基地。

列侬和小野洋子结合他们的艺术感观，发起了他们著名的
海报和广告牌活动"战争结束了！"（War is Over!）。
这些海报是反对越南战争和支持和平运动的一部分，被分
发到世界各个主要城市。

1970

为了给"黑色之家"（Black House）筹备资金，列侬和洋子对他们的一袋头发进行拍卖。作为回报，他们得到了一条穆罕默德•阿里的拳击短裤。

1970

1970 年 2 月，列侬和洋子参加英国电视节目《流行巅峰》
(Top of the Pops)，以宣传他们的专辑《即时报应》。这
是列侬唯一一次真人秀表演。

1971

1969 年夏天，列侬和洋子搬进了伯克郡的提顿赫斯特公园。这栋房子建于乔治时期，坐落在方圆 72 英亩的乡村。直到 1971 年夏天，列侬一家才搬到曼哈顿。

1971

P246—P247　通过他们的唱片、电影、展览和演唱会，约翰和洋子向世界展示了两个普通人也可以给世界带来积极的改变。他们是两个创意天才，他们通过想象改变了世界。

P248—P249　列侬热衷于读报，偶尔也会从报纸上汲取创作的灵感。列侬右手握着的《红鼹鼠》是一份左翼刊物，1971 年8 月该刊物发表了对列侬的采访报道。

1971

《想象》这张专辑于 1971 年初夏在提顿
郝斯特公园完成了录制。列侬想在大客厅
里的白色钢琴上录制这张专辑的主打歌，
但由于房间的音响效果很差，他被迫放弃
了这个想法。

1972

"当我爱上洋子时，我就知道，上帝啊，
这与我所经历的一切事情都不一样。这是
从未有过的体验，它给我带来的强烈感受
远远超过那些畅销唱片、黄金唱片，所有
的一切。无法言语。"

1972

P254—P257　1972 年 8 月 30 日，列侬夫妇和大象的记忆乐队在纽约麦迪逊广场花园举行了两场慈善演唱会，为威罗布鲁克公立学校的精神病院募捐。这是列侬最后两场唱完全场的演唱会。

1972

1972 年，列侬在纽约定居，并与激进的
左翼政治活动家交往。1972 年 2 月 5 日，
列侬和洋子加入了呼吁英国从北爱尔兰
撤军的抗议队伍。

约翰·列侬

JOHN LENNON

1972

随着越南战争的升级，列侬和洋子的政治活动也愈演愈烈。1972年5月，列侬在曼哈顿的布莱恩公园举行的反战集会上向5万人发表演说。

约翰·列侬

JOHN LENNON

1974

列侬和洋子在纽约移民办事处外面对媒体发言。此时，美国政府进行的战争已被预示了注定失败。列侬继续他的反战运动，并留在美国度过了余生。

虽然移民和入籍局对列侬的驱逐行动是出于政治动机，但也有人认为，是列侬非法拥有大麻的定罪让他无法合法留在美国。

从百慕大旅行返回后，列侬认为那是重回录音室的时机，
于是和小野洋子一起录制了他的复出专辑《双重幻想》。
这是列侬夫妇第一张在大西洋两岸的冠军专辑。

图片来源

Page 1 courtesy of Mrs. Yoko Ono Lennon©

Pages 7,8 Michael Ochs Archive/Getty Images

Page 9 Left Keystone/Getty Images

Page 9 Bottom Ullstein Bild/Archivi Alinari, Firenze

Pages 10-11 Bettmann/Corbis

Page 13 United Artists/The Kobal Collection

Pages 14-15 Susan Wood/Getty Images

Page 19 United Archives/Picture-Allience

Page 22 David Hurn/Magnum Photos/Contrasto

Pages 28-29 Pictorial Press/Marka

Page 35 courtesy of Mrs. Yoko Ono Lennon©

Page 36 courtesy of Mrs. Yoko Ono Lennon

Pages 38-39 Keystone-France/Eyedea/Contrasto

Page 41 Rue des Archives

Page 43 GEMS/Redferns

Page 45 M. Haywood Archives/Redferns

Pages 46 top, 46 bottom, 46-47 courtesy of Mrs. Yoko Ono Lennon

Pages 48 top, 48 bottom, 49 AP/LaPresse

Page 50 Ullstein Bild/Archivi Alinari, Firenze

Page 51 Michael Ochs Archive/Getty Images

Page 52 Interfoto/Archivi Alinari, Firenze

Page 54 Juergen Vollmer/Redferns

Page 56 Keystone/Getty Images

Pages 60-61 Starstock/Photoshot

Pages 62-63 K&K ULF KRUGER OHG/Redferns

Page 64 Album/Contrasto

Page 65 Evening Standard/Getty Images

Pages 66-67 TopFoto/Icponline

Pages 68, 69 K&K ULF KRUGER OHG/Redferns

Pages 70-71, 71 Philip Jones Griffiths/Magnum Photos/Contrasto

Pages 72, 73 Bettmann/Corbis

Pages 74-75, 77, 78 K&K ULF KRUGER OHG/Redferns

Page 80 Fiona Adams/Redferns

Pages 80-81 Popperfoto/Getty Images

Page 82 courtesy of Mrs. Yoko Ono Lennon©

Pages 82-83, 84-85 Popperfoto/Getty Images

Page 86 top Rue des Archives

Page 86 bottom Central Press/Getty Images

Pages 86-87 George Freston/Fox Photos/ Getty Images

Page 88 Bettmann/Corbis

Page 89 David Redferns/Redferns

Pages 90-91, 91 Val Wilmer/Redferns

Pages 92, 93 Fiona Adams/Redferns

Pages 94, 95 GAB Archives/Redferns

Pages 96-97 Bettmann/Corbis

Page 97 Popperfoto/Getty Images

Pages 98-99 United Archives/Picture-Allience

Page 100 AP/LaPresse

Page 101 Bettmann/Corbis

Pages 102, 103, 104 Bob Gomel/Time Life Pictures/Getty Images

Pages 104-105 John Loengard/Time Life Pictures/Getty Images

Pages 106, 106-107 Evening Standard/Hulton

Pages 220-221 Mario Tama/Getty Images

Page 222 Keystone Features/Getty Images

Page 223 Bettmann/Corbis

Page 224 bottom AP/LaPresse

Pages 224-225 UPPA/Photoshot

Pages 226-227 Bettmann/Corbis

Page 228 courtesy of Mrs. Yoko Ono Lennon©

Pages 228-229 Bettmann/Corbis

Pages 230-231 Popperfoto/Getty Images

Page 232 Bentley Archive/Popperfoto/ Getty Images

Page 233 Bob Aylott/Getty images

Page 235 Popperfoto/Getty Images

Page 236 Keystone-France/Eyedea/Contrasto

Pages 236-237 Tom Hanley/Redferns

Page 238 Frank Barratt/Getty Images

Page 239 Three Lions/Getty Images

Pages 240-241 Bandphoto/Starstock/Photoshot

Page 241 Terry Disney/Express/Getty Images

Pages 242, 242-243 Ron Howard/Redferns

Pages 244, 245, 246-247, 248-249, 250-251 Tom Hanley/ Redferns

Pages 252-253 United Archives/Picture-Allience

Page 254 Bettmann/Corbis

Page 255 AP/LaPresse

Pages 256-257 Brian Hamill/Getty Images

Pages 258-259 AP/LaPresse

Page 259 John Rodgers/Redferns

Pages 260-261 Bettmann/Corbis

Pages 263, 264, 264-265 AP/LaPresse

Page 267 Brenda Chase/Newsmakers/Getty Images

参考书目

Lennon Remembers: The Rolling Stone Interviews

By John Lennon, Jann \Wenner

Published by Fawcett Popular Library, 1972

The Playboy Interviews with John Lennon and Yoko Ono

By John Lennon, Yoko Ono, David Sheff, G. Barry Golson

Published by New English Library, 1982

John Lennon: In His Own Words

By Ken Lawrence

Published by Andrews McMeel Publishing, 2005

The Lennon Tapes: John Lennon and Yoko Ono in Conversation with Andy Peebles, 6 December 1980.

By John Lennon, Yoko Ono and Andy Peebles

Published by British Broadcasting Corporation, 1981

John Winston Lennon

By Ray Coleman

Published by Sidgwick & Jackson, 1984

The John Lennon Encyclopedia

By Bill Harry

Published by Virgin, 2001

We All Shine on: The Stories Behind Every John Lennon Song 1970-1980

By Paul Du Noyer

Published by HarperPerennial, 1997

The Beatles Anthology

By Beatles, Brian Roylance, Paul McCartney, John Lennon, George Harrison, Ringo Starr

Published by Chronicle Books, 2000

John Lennon: Listen to This Book

By John Blaney

Published by Paper Jukebox, 2005

The Longest Cocktail Party: An Insider's Diary of the Beatles, Their Million-dollar Apple Empire, and Its Wild Rise and Fall

By Richard DiLello

Published by Playboy Press Book, 1972

Beatles gear: All the Fab Four's Instruments, from Stage to Studio

By Andy Babiuk, Tony Bacon

Published by Backbeat, 2001

The Beatles: A Diary

By Barry Miles, Chris Charlesworth

Published by Omnibus Press, 1998

Shout!: The Beatles in Their Generation

By Philip Norman

Published by Simon & Schuster, 2005

The Beatles: Off the Record

By Keith Badman

Published by Omnibus Press, 2003

Lennon Legend: An Illustrated Life of John Lennon

By James Henke

Published by Chronicle Books, 2003

Paul McCartney: Many Years from Now

By Barry Miles

Published by Henry Holt and Co., 1998

Fab Four FAQ: Everything Left to Know about the Beatles—and More!

By Stuart Shea, Robert Rodriguez

Published by Hal Leonard Corporation, 2007

镆 | 光音

出 品 人：许　永
出版统筹：海　云
责任编辑：许宗华
特邀编辑：阮颖诗
装帧设计：石　英
印制总监：蒋　波
发行总监：田峰峥

投稿信箱：cmsdbj@163.com
发　　行：北京创美汇品图书有限公司
发行热线：010-59799930

创美工厂
官方微博

创美工厂
微信公众号